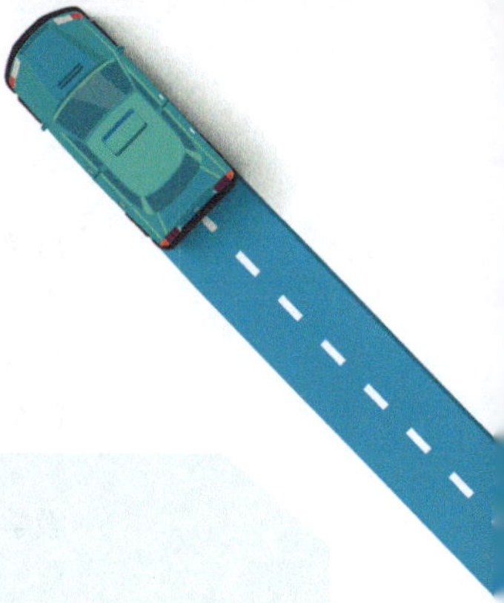

职业教育汽车类专业一体化系列教材

汽车美容与装饰

第2版

主　编　罗　华　李云杰
副主编　黄浩兵　杨春艳　陈智勇
参　编　罗　予　陈立刚　韦邦令
李志寿　李楚雄　张　樱　文志成
主　审　易新友

机械工业出版社

本书将相关理论知识及方法的学习和任务的实施有机结合在一起，突出学生专业技能、职业能力的培养，体现“以学生为主体、以职业需求为导向”的教育观，具有较强的针对性和实用性。本书主要内容包括汽车清洗耗材及工具的认识、汽车的清洗、汽车漆面的护理、漆面的修补、汽车外部的装饰和汽车内部的装饰。

本书彩色印刷，图片清晰美观，同时还配有一体化工作页，方便教学。

本书可作为职业院校汽车类专业教材，还可以作为在职人员培训用书。

为了便于学生自学和教师的教学，本书配有免费电子课件、相关动画视频和习题答案。凡选用本书作为授课教材的教师，均可登录 www.cmpedu.com 以教师身份注册下载教学资源。咨询电话：010-88379201，或者加 QQ：1006310850。

图书在版编目（CIP）数据

汽车美容与装饰/罗华，李云杰主编．—2版．—北京：机械工业出版社，2020.5（2024.7重印）

职业教育汽车类专业一体化系列教材

ISBN 978-7-111-64959-5

Ⅰ.①汽… Ⅱ.①罗…②李… Ⅲ.①汽车-车辆保养-职业教育-教材 Ⅳ.①U472

中国版本图书馆 CIP 数据核字（2020）第 038621 号

机械工业出版社（北京市百万庄大街 22 号 邮政编码 100037）
策划编辑：于志伟 责任编辑：于志伟
责任校对：张 薇 封面设计：鞠 杨
责任印制：孙 炜
北京中科印刷有限公司印刷
2024 年 7 月第 2 版第 5 次印刷
184mm×260mm · 14 印张 · 386 千字
标准书号：ISBN 978-7-111-64959-5
定价：49.00 元

电话服务	网络服务
客服电话：010-88361066	机 工 官 网：www.cmpbook.com
010-88379833	机 工 官 博：weibo.com/cmp1952
010-68326294	金 书 网：www.golden-book.com
封底无防伪标均为盗版	机工教育服务网：www.cmpedu.com

第 2 版前言

本书根据职业院校汽车运用与维修专业人才培养方案和课程标准，结合现代职业教育特点，以工作过程为导向，以典型工作任务为引领，以便于学生自主学习为目的，在第 1 版的基础上修订而成。

本次修订和完善增加了汽车美容实施过程的安全事项（因为汽车美容施工时操作者大多在充满溶剂气体的环境中作业），以此来提高学员在学习过程中的安全防范意识，并根据汽车运用与维修专业人才培养目标和汽车维护岗位能力要求，通过与行业、企业专家一起详细分析汽车美容的实际工作过程，梳理并归纳出学习性工作任务，在此基础上以典型的学习性工作任务为学习单元，以具体的工作过程为内容，以实际的工作环境为场景，精选了 6 个项目共 27 个任务。

在编写本书的过程中，我们采用理实一体化的编写模式，把相关理论知识及方法的学习和任务的实施这两个环节与过程有机结合在一起，突出学生专业技能、职业能力的培养，体现“以学生为主体、以职业需求为导向”的教育观，具有较强的针对性和实用性。

本书由罗华、李云杰担任主编，黄浩兵、杨春艳、陈智勇担任副主编，罗予、陈立刚、韦邦令、李志寿、李楚雄、张樱、文志成参与编写。全书由罗华统稿，由易新友主审。

由于编者水平有限，书中难免有不足之处，敬请广大读者提出宝贵的意见和建议，以便修订时加以完善。

编　者

第 1 版前言

随着中国人民生活水平的提高、消费观念的改变及经济的持续高速发展，汽车的需求量和保有量出现了加速增长的趋势。与此同时，人们对爱车也愈加呵护起来，对汽车日常清洁护理、定期美容保养、汽车养护用品采购使用等也就自然成为日常消费行为。我国权威部门市场调查表明：目前我国 60% 以上的私人高档汽车车主有给汽车做外部美容养护的习惯，30% 以上的私人低档车车主也开始形成了给汽车做美容养护的观念，30% 以上的公用高档汽车也定时进行外部美容养护，50% 以上的私家车车主愿意在掌握基本技术的情况下自己进行汽车美容和养护。随着汽车美容与装饰的大力发展，国家也积极推进该行业的发展，先后推出了一系列的利好政策，如 2008 年 10 月 1 日起实施的新《机动车登记规定》。各种迹象均表明汽车美容业在我国有着巨大的市场发展空间。

为了更好地满足职业院校汽车类专业的教学要求，突出职业教育特色，促进汽车美容与装饰专业人才培养，特编写了本书。在本书编写的过程中，我们力求体现以下特点：

1. 从职业教育实际出发，教学和生产实际操作相结合。

2. 图文并茂，通俗易懂，结合市场最新动态，突出表现该领域的新知识、新技术、新工艺、新方法，使学生更多地了解或掌握最新技术的发展及相关技能。

3. 层次分明，结构合理，以过程为导向、任务驱动等“一体化”教学模式组织教学内容。

基于以上原则，本书在内容设置方面，以国家相关职业标准为基本依据，摒弃“繁难偏旧”的内容，力求通过真实的工作任务，以教、学、做合一的方式，使学生掌握知识、学会技能、胜任工作。

本书由广西机械高级技工学校罗华担任主编，陈立刚、马雪峰、王丽霞担任副主编，罗予、韦邦令、李志寿、李云杰、李楚雄、黄国泰、李强、杨雪松、戴凯凯参与编写，全书由易新友主审。本书的编写工作得到了编者所在单位领导及汽车美容等专业教师的帮助，在此表示感谢。此外，在本书编写过程中，借鉴和参考了国内的同类著作，在此特向有关作者致谢！

由于编者知识有限，书中难免有疏漏和错误之处，敬请广大读者提出宝贵的意见和建议，以便修订时加以完善。

编　者

目　录

项目一 汽车清洗耗材及工具的认识

任务一 汽车清洗知识的认识

学习目标

知识目标	1. 能够表述汽车清洗的基本内容； 2. 能够表述汽车清洗时常见的用品； 3. 能够表述汽车清洗的作用； 4. 了解汽车外部清洗的相关知识。
技能目标	1. 学会使用汽车清洗时常见的用品； 2. 掌握汽车清洗的操作方法。

任务描述

一辆汽车雨后车身沾满了泥泞，到4S店进行清洗，操作工人第一次清洗车辆，需要学习汽车清洗的基本内容和要求，知道汽车清洗的相关知识，正确掌握汽车清洗的方法。

知识准备

汽车清洗是汽车美容的首要环节，同时也是一个重要环节，它既是一种基础性的工作，也是一种经常性的美容作业，汽车在使用过程中，其表面会受到风吹、日晒、雨淋等自然侵蚀，使车辆表面产生各种沉积物、锈蚀物以及焦油、沥青、鸟粪等附着物，这些污垢往往都具有很高的附着力，能够牢固地附着在车身的表面，如果这些污垢不及时清除，不仅影响汽车的外观，还会导致锈蚀和损伤。因此，对车辆外部要及时和定期的清洗护理，使车辆保持车容美观，对延长车辆使用寿命有着重要作用。

一、汽车清洗的特点

1. 系统性

根据汽车自身的特点，由表及里的对汽车各部分进行全面细致的清洗保养，在传统洗车的基础上，扩大到漆面清除氧化物和车漆保养的范畴，不仅洗去了汽车表面的浮尘，还用专业技术将黏附在汽车表面上的有害物质全部除去。

2. 专业性

严格按着工艺要求，由经过培训的专业人员采用专用的设备、工具、用品及专业的手段进行汽车清洗的作业。现代汽车清洗应使用优质的专业清洗产品，针对汽车各部位材质进行有针对性的清洗和翻新，使汽车经过专业的清洗后外观洁亮如新。

3. 规范性

每一道工序都有标准或规范的技术要求。从事现代汽车清洗的操作人员都经过正规严格的训练，能熟练地借助现代化的设备和高性能的清洗用品进行洗车作业。

二、汽车清洗的作用

1. 保持汽车外观整洁

汽车在行驶中经常置身于飞扬的尘土中，经受风吹日晒，赶上雨雪天气还要在泥泞的道路上行驶，车身外表难免被弄脏，影响汽车外观。为了使汽车外观保持清洁亮丽，应根据汽车所处的环境状况，经常对汽车进行清洗保养。

2. 消除大气污染的侵害

大气中有很多会对车身表面产生危害的污染物。其中，酸雨的危害性最大，它附着于车身表面会使漆面形成网纹或斑点，如不及时清洗还会造成漆层老化。因此，在工业污染较严重的地区，汽车淋雨后应及时将汽车送到4S店进行清洗。

3. 清除车身表面顽渍

车身表面黏附树胶、鸟粪、虫尸、焦油和沥青飞漆等顽渍，如不及时清除就会腐蚀漆层，给护理增加难度。为此，车主要经常检查车身表面。一旦发现具有腐蚀性的顽渍应尽快清除。如已腐蚀漆层则必须到4S店进行处理。

任务实施

了解现代美容洗车与传统洗车的差别，见下表。

项目	现代美容洗车	传统洗车
目的不同	1）去除车表面的泥土、灰尘等污物 2）专业去除车表面沥青、树胶、鸟粪和嵌入车漆深处的铁粉等	去除车表面的泥土、灰尘等污物
材料不同	1）专用洗车液和洗车香波 2）专用清洗剂 3）汽车漆面得到较好保护	1）洗衣粉、肥皂水、洗洁精 2）对车辆漆面伤害严重
技术不同	经过正规严格的训练，能熟练地借助于现代化的设备和高性能的清洗用品进行洗车作业	大多由非专业人员进行，无法从技术及程序上保证洗车的效果
对环境的影响不同	1）作业场所固定，配套设备完善齐全 2）采用循环水再生利用技术，节约能源，最大限度地减少环境污染，降低作业成本 3）在清洗剂的选用上，力求杜绝对环境的危害	1）肥皂水、洗衣粉、洗涤剂等清洁环保型差 2）浪费水源，效率低，成本高 3）对环境污染大

评价反馈

考核项目		评分标准	学生自评	小组互评	教师评价	小　计
知识目标	汽车清洗的基本内容	能完整叙述				
	汽车清洗时常见的用品	能完整叙述				
	汽车清洗的作用	能完整叙述				
	汽车外部清洗的相关知识	简单叙述				
技能目标	汽车清洗时常见用品的使用	会操作				
	汽车清洗的操作方法	会操作				
素质目标	安全、规范操作	做到做好				
	操作步骤、流程正确完整	正确熟练				
	团队合作	是否和谐				
	现场6S	是否做到				
总　评						

任务二　汽车清洗工具与设备的认识

学习目标

知识目标	1. 能够表述汽车清洗常用工具的种类； 2. 能够表述汽车清洗常用设备的使用方法。
技能目标	掌握汽车清洗常用工具与设备的基本使用方法。

任务描述

一辆汽车刚刚行驶了1000km以上，车身外表面沾满了尘土，到4S店进行清洗，操作工人第一次清洗车辆，需要懂得汽车清洗的常用工具和设备，知道这些工具和设备的基本用法，保证可以正确地掌握汽车清洗的方法。

知识准备

一、汽车清洁工具

1. 海绵

海绵具有较好的藏土、藏垢能力，能使沙粒和尘土很容易深藏于海绵的气孔内，避免洗车时划伤漆面。

2. 毛巾

毛巾是洗车中的易耗品，主要用于擦拭车身。为了保证清洗效果，在擦拭过程中不应有细小的纤维掉落在车漆表面。

3. 鹿皮

鹿皮在洗车作业中使用非常广泛，它主要用于擦干车身表面。鹿皮的主要特点是质地柔软，有利于保护车漆，更主要的原因是它具有良好的吸水能力，尤其是对车身表面及玻璃水膜的清除效果极佳。在洗车作业中一般先用毛巾将车身表面初步擦干后，再用鹿皮进一步擦干，以延长鹿皮的使用寿命。另外，在选用鹿皮时尽可能选用较厚的，其皮质韧性好，耐磨性好。

4. 板刷

板刷主要用于清除挡泥板、轮胎等处附近的泥土和污垢。由于上述部位泥土附着较厚、较硬，不容易冲洗干净，所以在洗车时有针对性地进行刷洗。

5. 辅助用品

辅助用品包括水桶、围裙、橡胶手套、防水鞋、软胶管、涂料过滤漏斗等一些常用辅助件。

二、汽车清洁设备

1. 高压水枪

高压水枪可以对汽车进行快速冲洗，特别是能够冲掉车身和底盘的污物黏着物。压力和流量的大小可以通过高压水枪前端的调节螺母来进行。

2. 空气压缩机

空气压缩机主要由压缩机、储气罐和电动机等主要部件组成。空气压缩机是利用气缸内的活塞上下运动，将吸入气缸内的空气压缩，储入储气罐，从而使空气的压力增加，提供给喷枪、泡沫清洗机和废油抽吸机等设备足够的高压气体。

3. 泡沫清洗机

泡沫清洗机是利用空气压缩机传输过来的高压气体，将泡沫清洗机内的洗车液同水充分搅拌混合，从而使喷到汽车上的泡沫多而丰富。

4. 冷水高压洗车机

冷水高压洗车机一般由水泵和电动机等组成。洗车机安装在轻便的小车上，一般采用柱塞式水泵获取高压水流。水源一般是自然水，采用其他水（如水池、水塘中的水）时，需要经过清洁过滤。冷水高压洗车机还有与之配套的部件（如进水软管和出水软管、各种规格的水管、刷洗用的毛刷），才可以进行工作。

5. 热水高压洗车机

热水高压洗车机是一种小型轻便的洗车设备，操作灵活，使用效果好，一般在寒冷的北方冬季使用。

6. 高温蒸汽清洗机

车身室内和地毯等纤维绒布制品极易积聚污垢、细菌等，而吸尘器只能除尘及吸水，无法清除细菌，拆装内饰和地毯也十分麻烦；另外，通过蒸汽与清洗剂的配合可快速地去除各种污垢。这些都是高温蒸汽清洗机的强项，有人也形象地称为“桑拿蒸汽清洗机”。

7. 吸尘器

汽车室内虽然空间小，但结构复杂，不利于清洁，使车内经常积聚有大量的灰尘，特别是座椅上的皱褶和一些角落部位的灰尘极难清除。吸尘器能够较好解决这一难题，它是一种能将尘埃、脏物及碎屑吸集起来的电器设备，可方便地将内壁、地毯、座椅及缝隙中的浮尘和脏物吸干净，且不会使尘土飞扬。

8. 洗衣机

洗衣机用于清洗汽车内的座椅套、头枕套等织物，它们极易弄脏，每隔一段时间都要清洗，而座椅套、头枕套等织物的拆卸不是一般车主能做的。在做汽车美容的同时，做好织物的清洗。

任务实施

要掌握正确的汽车清洗方法，就要先认识清洗的常用工具与设备，具体见下表。

序号	工具设备名称	图　　示	操作方法
1	鹿皮		鹿皮具有柔软、耐磨和防静电的特点，还可以用于车身打蜡后将蜡抛出光泽。实际操作时往往将脱脂羊皮经清水浸湿后再拧干，即成半湿性鹿皮，这样可以更好地擦净车身表面的水痕
2	海绵		洗车海绵具有柔软、弹性好、吸水性强和较好的藏土能力等特点，可分为粗海绵和软海绵。粗海绵通常用于去除较强的污垢或清洗轮胎；软海绵通常都用于汽车美容车身清洗，有利于保护车漆和提高作业效率
3	手套		汽车清洗手套有软海绵、防羊毛和纯羊毛三种材料。有些手套具有防水功能，特别是冬天清洗车辆时，防止冻伤手。在使用这些手套时，要注意分清清洗车身部位，不能从上到下混用，即一些手套是专门用于车身上部，有的是用于车门，有的是用于车身下部和轮辋。防止在擦拭车身清洗液时，划伤漆面
4	毛巾		1）半湿性大毛巾。将大毛巾用清水浸湿后拧干呈半湿性状态，可以提高擦车的速度，节省擦车时间，一般多用鹿皮进行擦车前的预处理。它主要用于车身表面的手工清洗或擦拭 2）半湿性小毛巾。半湿性的小毛巾可用于擦洗门边污垢和车身边沿处的泥沙 3）干性小毛巾和大毛巾。用干性的毛巾第二次擦拭车身的水渍，使车身表面更加干净

（续）

序号	工具设备名称	图　示	操作方法
5	硬毛刷		汽车毛刷可分为软毛刷或硬毛刷。硬毛刷主要用于清洗轮胎或轮辋等。注意毛刷用完后一定要及时清除毛刷内溶剂和沙粒
6	软毛刷		软毛刷主要用于清洗车身，特别是大、中型客车中上部以及小轿车顶部的清洗擦拭。现在一些洗车器带有毛刷，一边喷洗车液一边清洗擦拭，方便快捷
7	吹尘枪		在车辆外部美容清洗流程中，最后一道流程是用吹尘枪吹干车表缝隙里的多余水分。一是缝隙处水分不易擦净，二是防止因水分引起车身生锈，三是在给车身打蜡时防止有水滴出现，影响打蜡的效果。特别是玻璃胶条、门外拉手、后视镜、前后保险杠接缝和车身外饰部件周围水分，另外在使用吹尘枪时，一边吹一边用一条干净的毛巾将流出来的水渍擦除
8	高压清洗机		高压清洗机以水为工作介质，由增压泵和动力驱动单元两大部分组成，通常，动力驱动泵对水完成一个吸、排过程，将普通的水转化为高压低流速的水，然后输送到高压管路，使其以一定的能量到达高压喷嘴。使用时要按照设备型号的指示说明进行操作，选择所需要的压力数值，对被清洗目标各个部位，从上到下进行清洗，注意考虑易碎和较薄的物体（如窗户、通风口或灯具），就要避免较高压力的高压清洗
9	泡沫清洗机		泡沫清洗机采用气动控制，具有压力稳定、流量大、操作简单和使用方便等特点。使用时打开泡沫清洗机上端的球阀，按比例加入适量的清水后，再加入适量的洗车液，然后关闭球阀门；打开气阀，把气压表的压力调到0.2～0.4MPa，打开泡沫清洗机的喷射阀，将泡沫清洗液均匀地喷洒到车辆上或待清洗物上，然后用干净的海绵擦拭即可。该设备需要由打气泵提供一定压力的气源

（续）

序号	工具设备名称	图　示	操作方法
10	脱水机		脱水机一般用于汽车内饰物和脚踏垫清洗脱水。使用该设备时要注意安全。一是脱水物品必须用力压到底部，防止在转动过程中有脱水件甩出或磨损；二是要等脱水机完全停机后方可取出脱水物件
11	打气泵		打气泵是汽车美容店不可缺少的一个重要设备。它不仅为轮胎充气，而且为泡沫清洗机和轮胎拆装机等提供气源。同时，为车辆外部清洗后吹干车身提供气源
12	吸尘器		吸尘器吸力大、吸尘效果好、防水性强。集吸尘、吸水和风干于一体。它还配有多个专用吸嘴，操作简单，但体积较大
13	自动洗车机		洗车机不动，汽车由机械牵引或自行缓慢通过洗车机的工作区域，洗车机通过各种检测设备反馈的信息，按照相应的指令程序自动运行，达到清洗汽车的工作方式，如隧道式连续洗车机、大（中小）型通道式洗车机等

评价反馈

考核项目		评分标准	学生自评	小组互评	教师评价	小计
知识目标	汽车清洗常用工具的种类	能完整叙述				
	汽车清洗常用设备的使用方法	能完整叙述				
技能目标	汽车清洗常用工具与设备的基本使用方法	会操作				
素质目标	安全、规范操作	做到做好				
	操作步骤、流程正确完整	正确熟练				
	团队合作	是否和谐				
	现场6S	是否做到				
总评						

任务三 汽车清洗用品的认识

学习目标

知识目标	1. 能够表述汽车清洗用品的种类； 2. 能够表述汽车清洗用品的基本特点； 3. 能够表述汽车清洗用品的选择和基本使用方法。
技能目标	掌握汽车清洗用品的选择和基本使用方法。

任务描述

一辆汽车刚刚行驶了1000km以上，车身外表面沾满了尘土，到4S店进行清洗，操作工人第一次清洗车辆，需要懂得汽车清洗用品，知道这些汽车清洗用品的特点和基本使用方法，保证能够正确地清洗汽车。

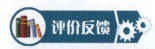

知识准备

一、汽车清洗用品的介绍

汽车车身清洗剂是一系列具有特殊功用的洗涤用品，要指出的是，洗衣粉、肥皂和洗涤灵等pH值在10.3以上，是不能用来清洗汽车车身的，尤其绝对不能用来清洗高级轿车车身，因为汽车面漆比较适宜的酸碱度在pH=5.0～8.0，使用超出酸碱度范围的清洗剂清洗车辆，时间长了就会造成车身面漆、中间涂层以至底漆的侵害和腐蚀，如果经常使用pH大于9.0的碱性清洗剂清洗车身会严重腐蚀漆面。

针对漆面的清洗，汽车车身清洗剂首先要去除车辆在行驶过程中与空气摩擦产生的表面静电层。静电层对灰尘、油污和有害气体的吸附能力很强，只有首先清除静电才能彻底洗净车身。静电是在漆面表面上产生的，有些车辆尾部挂附的导电软线是不能起到消除漆面上静电的作用的，静电的去除只能是利用具有一定导电能力的中性电解质水溶液与漆面直接接触来释放电荷。根据摩擦起电的一般规律，漆面上所带电荷的正负性根据漆面成分的不同而不同，所以使用的清洗剂应该有利于相应性质电荷的释放。单纯使用清水和普通的清洗剂是达不到这种要求的。据此现在市面上已经有这样类型的汽车专用驱除静电的清洗剂面世，多是用带有能在水介质中电离的基团的离子表面活性剂，使用这些表面活性剂既可以清除静电荷，又可以清洁油污等。

二、汽车常用清洗剂系列用品分类

1. 多功能清洗剂

多功能清洗剂主要用于一般汽车内外饰的去污，它又分为高泡沫和低泡沫清洗剂。它们能对车身内外进行全方位清洗，高泡沫清洗剂有多功能泡沫清洗剂和轮胎保护剂。

2. 去油剂

去油剂的主要作用是将发动机及底盘上有油迹的部位清洗干净让它恢复原样，如轮辋去油剂、发动机专用清洗剂等。

3. 溶剂

溶剂的主要性能在于它的溶解能力，它又分为石油溶剂和天然气溶剂。

任务实施

要掌握正确的汽车清洗方法，就要先认识清洗的常用工具与设备，具体见下表。

序号	清洗用品名称	图　示	操作方法
1	不脱蜡 洗车液	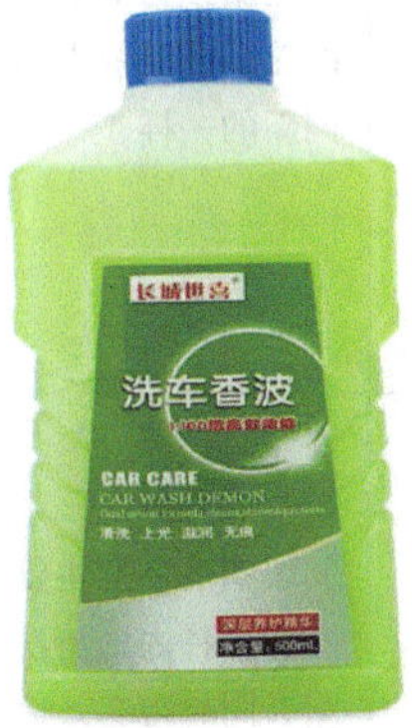	不脱蜡洗车液是国内外汽车美容行业中广泛采用的一种水系清洗剂，也是日常洗车的首选洗车液，它一般由多种表面活性剂配置而成，具有很强的浸润和分散能力。它能够有效地去除车身表面的尘埃、油污，但又不会洗掉汽车表面原有的车蜡，保护车身不受各类有害物质的侵蚀，保持漆面原有光泽，所以采用不脱蜡洗车液洗车后不需要重新给汽车打蜡
2	增光洗车液		增光洗车液是不脱蜡洗车液的一种，但性能更优于普通的不脱蜡洗车液，它是集清洗、上蜡、增光于一身的一种超浓缩洗车液，使用后能在车漆表面形成一层高透明的蜡质保护膜，令漆面光洁亮丽，给人一种焕然一新的感觉

（续）

序号	清洗用品名称	图 示	操作方法
3	脱蜡洗车液		脱蜡洗车液是目前国内外汽车美容行业中广泛采用的一种有机清洗剂，是新车开蜡和旧车重新打蜡前洗车的首选洗车液，它主要用来去除车身表面的石蜡、油脂、硅酮抛光剂、污垢、橡胶等，采用脱蜡洗车液后，汽车出门前必须重新打蜡，否则车漆会加速老化
4	轮毂清洗剂		一般轮毂清洗剂都属于酸性物质，较容易损伤轮毂的金属层，应使用不含腐蚀剂、不含酸性物质而且清洗功能极强的轮毂清洗剂，将它喷到轮毂表层后，油泥液自动往下流，只需用布轻轻擦干即可恢复金属或塑料的原有光泽
5	轮胎强力 清洗剂		轮胎强力清洗剂为强碱型清洁剂，对带有白线圈的轮胎清洗效果尤其明显，用它清洗过的白线圈如同新的一样
6	玻璃清洁剂	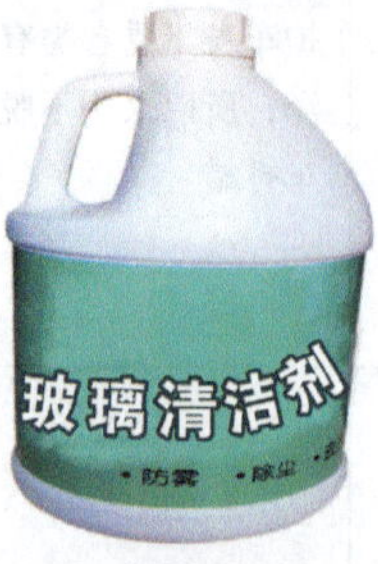	玻璃清洁剂主要用以去除玻璃上积累的白色雾状膜和各种内饰清洗剂、清新剂、烟等造成的静电油脂，同时可有效地去除鸟粪、油泥及尘土。因含挥发剂擦干后可很快风干，又因是水质，也可用于内饰（地毯、座椅）等的清洗
7	柏油清洁剂		柏油清洁剂能快速溶解清除柏油污点，它对车面漆毫无损害，使用后还能形成一层保护膜，持续保护车身表面漆，柏油清洁剂对汽车门窗、玻璃等所有容易受到柏油污染的表面都有清洗养护的作用

（续）

序号	清洗用品名称	图　示	操作方法
8	轮胎光亮剂		轮胎光亮剂也叫作轮胎翻新剂或轮胎增黑剂，分为液体和膏体两种。其主要功能是恢复轮胎原有的崭新面目，阻止紫外线侵蚀，避免橡胶老化、龟裂和失色，有效延长轮胎的使用寿命

评价反馈

考核项目		评分标准	学生自评	小组互评	教师评价	小　计
知识目标	汽车清洗用品的种类	能完整叙述				
	汽车清洗用品的基本特点	能完整叙述				
	汽车清洗用品的选择和基本使用方法	能完整叙述				
技能目标	汽车清洗用品的选择和基本使用方法	会操作				
素质目标	安全、规范操作	做到做好				
	操作步骤、流程正确完整	正确熟练				
	团队合作	是否和谐				
	现场6S	是否做到				
总　评						

任务四　汽车美容安全预防措施

学习目标

知识目标	1. 能够表述汽车美容安全操作事项； 2. 能够表述汽车美容设备安全操作事项。
技能目标	1. 能够进行汽车美容安全操作； 2. 能够掌握汽车美容安全预防方法。

任务描述

一辆汽车进行洗车、打蜡、油漆护理（包括各类漆面缺陷的美容、汽车划痕修复等）、汽车整容及装饰等一整套服务流程。汽车美容作业具有一定的危险性，作业人员在操作前，必须学习汽车美容的安全措施和预防方法，知道汽车美容安全措施的相关知识，保证下一步可以正确掌握汽车美容安全预防的方法，以免引起意外事故。

知识准备

一、汽车美容安全的操作事项

1. 清洗、护理作业安全的操作事项

1）施工人员必须熟悉施工现场及周围环境，了解水、电、气开关的位置及救护器材的位置，以备应急之用。

2）施工人员必须熟悉施工安全技术，掌握清洗剂的使用方法和急救方法。

3）注意用电安全。搭铁线必须搭铁，防止漏电，使用电器时要严防触电，不要用湿手和湿物接触开关。施工结束后，要及时把电源切断。

4）现场施工人员直接接触酸液、碱液时，应穿工作服、胶靴，戴防腐蚀手套，必要时应戴防毒口罩，如图1-1所示。

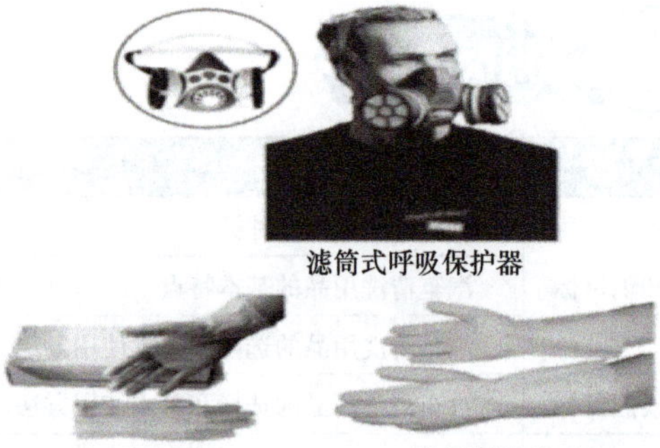

图1-1 防护工具

5）清洗、护理作业现场必须整洁有序，严禁烟火。

6）清洗、护理作业现场应有消防设备和管路，要有充足的水源和电源，确保施工安全需要。

7）施工安全工作要有专人负责，定期检查，并不断总结安全施工的经验，确保安全施工。

2. 修补涂装作业安全操作事项

1）施工环境必须有良好的通风条件，若室内施工（特别是喷涂时），要有良好的通风设备。

2）操作前应根据作业要求，穿好工作服和工作鞋，戴好工作帽、口罩、手套、鞋罩和防毒面具。

3）打磨施工中应注意物面有无凸出飞边，以防划伤手指。

4）在用钢丝刷、锉刀、气动和电动工具进行金属表面处理时，需佩戴防护眼镜，以免眼睛受伤，如遇粉尘较多，应戴防护口罩。

5）酸碱液体要严格保管，小心使用。搬运酸液、碱液时应使用专门工具，严禁肩扛、手抱。用氢氧化钠清除旧漆膜时，必须佩戴乳胶手套和防护眼镜，穿戴涂胶（或塑料）围裙和鞋罩，如图1-2所示。

6）登高作业时，凳子要牢固，放置要平稳，不得晃动。热天严禁穿拖鞋操作和登高。

7）施工场地的易燃品、棉纱等应随时清除，并严禁烟火。涂料库要隔绝火源，并有消防用品，要有严禁烟火的标志，如图1-3所示。

8）工作结束时打扫施工场地，用过的残漆、废纸、线头和废砂纸等要随时清理，放置在专用垃圾箱内。

二、设备安全操作事项

1. 电动、气动工具安全操作事项

1）操作人员应熟悉所使用的工具，使用前应检查各零部件是否安装牢固，各紧固件连接是否牢靠，电缆及插头有无损坏，开关是否灵活以及工具内部有无杂物。

2）使用前应检查所用的电压是否符合规定，电源电压应尽量使用220V，如电源电压为380V时，应检查搭铁是否良好，并注意搭铁线标记。

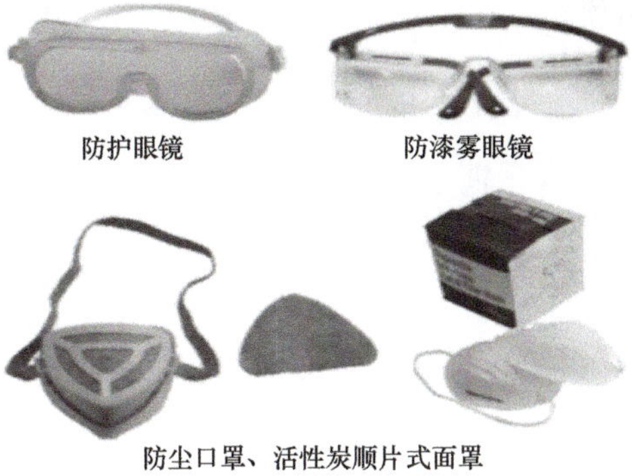

图 1-2　防护工具

图 1-3　严禁烟火

3）使用电动工具操作时，应检查是否可靠搭铁，电线要有胶管保护。

4）使用中如发现有大火花、异响、过热、冒烟或转速不足等现象，应停止使用，修复后再继续使用。

5）使用气动工具时，必须防止由于连接不牢而造成的空气泄漏和人身伤害事故。

6）使用砂轮机时，开机后砂轮应轻轻接触工件。

2. 空气压缩机安全操作事项

1）开动前必须认真检查空气压缩机、电动机和电气控制系统是否良好，一切正常无误后，开动试转片刻，再正式使用。

2）空气压缩机要按规定顺序起动，设备运转时要认真注意运转状况，观察气压表读数，发现异常现象要及时排除，并报有关部门。

3）在工作中禁止工作人员和其他人闲谈或随意离开机房，必要时应停机后再走，以防事故发生。

4）任何人不经操作者同意，不准起动机器。

3. 涂装车间通风机安全操作事项

1）通风机设备必须由专人负责起动和管理，其他人不得随意起动。

2）操作人员在起动通风机前首先必须检查电气设备，设备正常才能起动。

3）操作人员必须每天清除电动机及输气管道内的灰尘污垢，以防通道堵塞。

4）通风机在运转过程中，如发现不正常现象，应立即停机，将故障排除后再工作。

4. 照明装置安全操作事项

1）施工场地的照明设备应有防爆装置。

2）涂料仓库照明开关应设在库外，如图 1-4 所示。

图 1-4　仓库照明开关

3）各种电气开关均应为密封式，并操作方便。
4）使用手持照明灯时，必须使用36V安全电压。

三、预防措施

1. 防火

1）完善防火设施。
2）按防爆等级规定安装电器。
3）严禁烟火。
4）防止冲击火花。
5）严防静电产生。
6）谨防自燃。
7）备足灭火器材，如图1-5所示。
8）及时灭火。

图1-5 灭火器

2. 防毒

为了防止发生中毒事故，应采取预防措施。
1）控制空气中有毒物质的含量。
2）防毒措施。

任务实施

了解汽车美容的安全注意事项及预防措施，见下表。

序号	任务名称	查找学习内容
1	汽车美容安全事项	1）清洗、护理作业安全操作
		2）修补涂装作业安全操作
		3）火灾、爆炸危险
		4）电气类危害
		5）机械类危害
		6）化学污染与毒性伤害
		7）人的不安全行为因素
2	设备安全操作事项	1）设备操作安全事项
		2）空气压缩机安全操作
		3）涂装车间通风机安全操作
		4）照明装置安全操作

（续）

序号	任务名称	查找学习内容
3	防火措施	1）完善防火设施、
		2）按防爆等级规定安装电器
		3）严禁烟火
		4）防止冲击火花
		5）严防静电产生
		6）谨防自燃
		7）备足灭火器材
		8）及时灭火
4	防电措施	1）尽量使用220V电压
		2）严禁带电工作
		3）电热设备应远离易燃物，用毕即断开电源
		4）判断电线或用电设备是否带电，不允许用手摸试
		5）电线或电气设备失火时，应迅速切断电源
		6）发现有人触电时，首先应使触电者脱离电源，然后进行现场抢救
5	防毒措施	1）涂装人员在操作时，应穿戴好各种防护用具，如专用工作服、手套、面具、口罩和鞋帽，不允许操作人员将工作服穿着离开车间
		2）操作前穿戴好劳动保护用品。使用有空气净化器的头罩或面罩
		3）施工时，如感到头痛、眩晕、心悸、恶心时，应立即离开现场到通风处呼吸新鲜空气，严重的应及时治疗
		4）为了防止有毒气体通过肺部吸入人体，在喷涂时要戴附有活性炭的防毒面具。有毒气体还可通过皮肤进入人体，而发生危害作用，因此在施工完毕后，要用肥皂洗脸和手

评价反馈

考核项目		评分标准	学生自评	小组互评	教师评价	小计
知识目标	汽车美容安全操作事项	能完整叙述				
	汽车美容设备安全操作事项	能完整叙述				
技能目标	汽车美容安全操作	会操作				
	汽车美容安全预防方法	会操作				
素质目标	安全、规范操作	做到做好				
	操作步骤、流程正确完整	正确熟练				
	团队合作	是否和谐				
	现场6S	是否做到				
总评						

项目二 汽车的清洗

任务一 汽车外部的清洗

学习目标

知识目标	1. 能够表述汽车外部清洗的正确方法； 2. 能够表述汽车清洗时常见的清洗用品和设备； 3. 能够表述汽车外部清洗的正确工艺流程； 4. 能够表述汽车外部清洗的注意事项。
技能目标	1. 能够进行汽车的外部清洗操作； 2. 掌握汽车外部清洗设备和工具等用品的使用及保养方法。

任务描述

某品牌汽车由于在下雨天行驶，导致车身外表面沾满了污水、泥沙等污垢，车主要求对汽车外表面进行清洗，通过学习本任务，学会正确清洗汽车外表面。

知识准备

一、汽车清洗的作用

车辆清洗不仅是为了使汽车光亮如新，更是为了对汽车进行保养，而车辆清洗是车身漆面保养的基础。

1）保持汽车外观整洁。

2）清除大气污染的侵害。

3）清除车身表面顽渍。

二、汽车清洗的种类

（1）脱蜡清洗 脱蜡清洗是一种除掉漆膜表面原有车蜡的清洗作业。

（2）不脱蜡清洗 不脱蜡清洗主要是采用清水和不脱蜡清洗剂，用人工或机械清洗。

（3）开蜡清洗 在出厂前为了保护汽车在运输和保管过程中不受剐蹭腐蚀，会在汽车表面封上一层封漆，去除封漆蜡的清洗称为开蜡清洗。

（4）顽渍清洗 去除顽固污渍，如血迹或者染色剂等。

三、汽车清洗时机的选择

1. 根据气候条件判断

1）连续晴天且车身不太脏时，可用湿毛巾或湿布轻轻擦拭前后风窗玻璃及车窗与两旁的后视镜，用鸡毛掸子掸去车身上的灰尘。

2）连续雨天时，可用清水先对全车进行喷洒清洗，除去车上的污物。

3）时晴时雨的天气条件下，对汽车的清洗要求频繁，应尽量在雨停之后，就对汽车进行一般的清洗，保持车身表面清洁干净。

2. 根据行驶的路况来判断

1）当车辆行驶在工地或行经工地时，工地沙尘、污泥等将侵蚀车身，特别是工地的沥青、水泥浆等的侵蚀，更需及时彻底清洗，以免附着时间久了伤及漆面。如果车子被溅，应立即使用大量清水清洗，以免附着久了伤及烤漆。

2）当车辆行驶在海岸有露水或有雾的地区时，海岸的露水或盐雾易对车身产生腐蚀且较严重；热带高温潮湿，也易使车身表面受到侵蚀，均需及时对汽车进行清洗护理。若不用清水彻底清洗一番，易使车身钣金因盐分而遭受严重腐蚀。

3）当车辆行驶在山区有露水或有雾的地区时，只要在停车后，使用湿毛巾或湿布擦拭即可。

四、汽车外部清洗时，需正确使用设备

汽车外部清洗设备主要有冷热水高压清洗机、泡沫清洗机和空气压缩机。常用的外部清洗清洁工具有海绵、毛巾、浴巾、鹿皮和板刷等，清洗用品主要有专用的洗车液、泡沫洗车液和柏油清洁剂等。

五、车身清洗注意事项

1）洗车时最好使用软水，尽量避免使用含矿物质较多的硬水。

2）应使用专用洗车液，严禁使用肥皂或洗洁精。

3）高压冲洗时，水压不宜太高，一般不高于7MPa，喷嘴与车身保持15cm以上的间距，以避免高速水柱对漆面特别是修补过的漆面的冲刷。

4）清洗汽车油漆表面时，不要使用刷子、粗布，以免刮伤油漆面膜留下痕迹。

5）洗车各工序都应遵循由上到下的原则，即由车顶到前后盖板、车身侧面、灯具、保险杠、车裙和车轮等。

6）不要在阳光直射下洗车。

7）不要在严寒中洗车，以防水滴在车身上冻结，造成漆层破裂。

8）用洗车液洗车后，一定要冲洗干净，否则，残留的洗车液会渗入烤漆表面，形成污点。

9）洗完车后需用带有较长绒毛的毛巾擦干，长的绒毛能吸住脏物，使其不擦伤漆面。

10）发现车身附着有灰尘或杂质时，应及时清除，以免沾污漆面。

11）在清洗发动机表面时，注意不要将水溅到电气系统的元件上，否则会影响发动机正常运转。如果不小心溅到电气系统上，应用干布擦干或用压缩空气将水吹干。

12）因冲洗造成制动部位浸湿有可能降低制动效果时，应采取边制动、边低速运转的方法尽快使制动器干燥。

任务实施

目前洗车行业常用的洗车方法有高压清洗机清洗和全自动清洗。

一、用高压清洗机清洗汽车外部

用高压清洗机清洗汽车外部见下表。

前期准备		
操作步骤	操作示意图	说明
1. 着装准备		着装整洁干净的工作服，不能穿有拉链和明扣的衣服，不允许佩戴手表、手链和金属挂件等，以免刮伤车漆
2. 设备、工具及材料准备		高压清洗机、鹿皮、海绵、毛巾、手套、毛刷、洗车液等
安全检查		
操作步骤	操作示意图	说明
检查车轮挡块和驻车制动器		操作前的安全措施
实施清洗		
操作步骤	操作示意图	说明
1. 去除发动机舱杂物及灰尘		用专业吹尘枪去除发动机舱杂物及灰尘，在洗车前操作，避免洗完车后对车身造成二次污染。完成后，将车门、车窗和行李舱关好，检查车漆、刮伤等现象并做好记录，告知车主

（续）

实施清洗		
操 作 步 骤	操作示意图	说　　明
2. 喷洒泥沙松动剂		冲水前，喷洒泥沙松动剂，可迅速降低漆面上泥沙颗粒的附着力，避免冲水时对漆面造成伤害
3. 车身冲洗		冲洗时距车30～40cm，高压水枪对准漆面角度约为45°，手的动作按90°～120°幅度摆动高压水枪冲洗为标准 冲洗顺序：车顶→前风窗玻璃→发动机舱盖→左侧门玻璃→左轮胎及底部边沿→后风窗玻璃→行李舱盖→尾灯→右侧方玻璃→右侧轮胎及底部边沿→前保险杠 冲洗时注意冲洗以下部位：刮水器、保险杠、挡泥板、轮胎、门把手、发动机舱盖及行李舱的缝隙、车轮眉、后视镜和玻璃边隙等位置
4. 喷洒泡沫		用泡沫清洗机将清洗剂与水混合变成泡沫，并在高压下将泡沫喷到车身外表，浸润几分钟，依靠泡沫的吸附作用，使清洗液充分地渗透于车身表面的污垢
5. 车身擦洗		擦拭原则：从上到下、从前到后、由近到远、平行重叠、先难后易、均匀擦拭，防止遗漏。擦拭工具采用超细纤维制成，不会对车漆造成任何伤害。工具严格分类（车身上部专用、车身下部专用、轮胎专用），严禁交叉使用，防止车身下部泥沙刮花漆面

（续）

实施清洗		
操作步骤	操作示意图	说　明
6. 清洁车身缝隙及标志		采用专用毛刷清洁车身缝隙及标志 注重细节：专用毛刷重点清洁中网、标志、装饰条及其他缝隙处
7. 清洁轮胎		采用专用轮胎工具刷洗，注重细节
8. 冲净车身泡沫		冲洗原则：从上到下、从前到后、由近到远、平行重叠、先难后易，冲净车身及缝隙泡沫
9. 喷蜡水		均匀地喷洒蜡水，长期使用可增加车漆亮度，有效保护车漆，降低水的附着力，有较强的驱水作用
10. 擦净车身水		专用擦拭毛巾采用超细纤维制成，柔软细腻。不会对车漆造成任何伤害 擦拭原则：从前到后、从上到下，专用擦拭毛巾保持绝对干净

（续）

实施清洗		
操作步骤	操作示意图	说　明
11. 门边、缝隙、标志吹干水		用气枪对门边、缝隙、标志进行吹干水，并注意气枪嘴不要接触到漆面

检查确认		
操作步骤	操作示意图	说　明
检查车辆		对清洗车辆进行检查，确认没有遗漏

车辆交接		
操作步骤	操作示意图	说　明
车辆交接		将洗好的车交给车主

二、用全自动洗车机洗车

用全自动洗车机洗车见下表。

前期准备		
操作步骤	操作示意图	说　明
1. 着装准备		着装整洁干净的工作服，不能穿有拉链和明扣的衣服，不允许佩戴手表、手链和金属挂件等，以免刮伤车漆

（续）

前期准备		
操作步骤	操作示意图	说明
2. 设备、工具及材料准备		自动控制自动化洗车机设备

安全检查		
操作步骤	操作示意图	说明
1. 检查周边		操作洗车机之前，检查洗车机周围有无人员或杂物，着重检查输送带周围。洗车机出口、入口需分别设有一人，方可进行操作
2. 检查车辆		车辆进入轨道前，需检查车辆的下列技术状况： 1）刮水器、天线和后视镜是否正常 2）车身钣金有无明显划痕 3）有无其他松动、脱落部件等

实施清洗		
操作步骤	操作示意图	说明
1. 接通洗车机电源	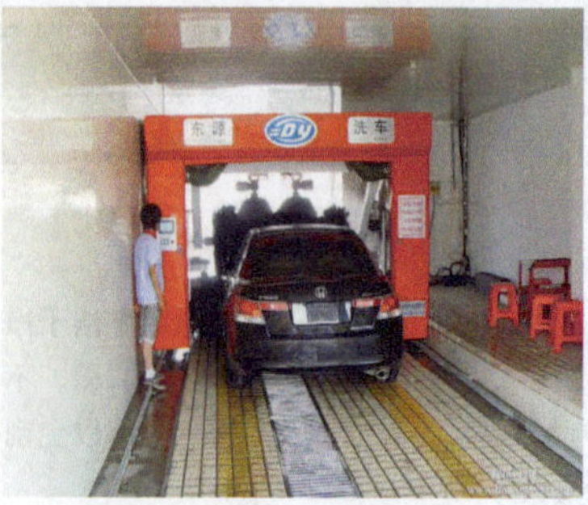	1）先把总电源合上，看到显示灯，确认显示正常 2）再打开面板供电钥匙开关，确认全部项目应显示正常 3）确定水路、电路、气路一切正常 4）避免在雨天开闭控制柜，以防止漏电或短路

（续）

实施清洗		
操作步骤	操作示意图	说　明
2. 指挥车辆进入洗车机轨道，待车轮轮胎落入输送机拖车后，提示车主注意		1）关闭门窗，挂空档（N 位） 2）收天线，关闭 CD 音响 3）勿拉驻车制动 4）勿踩制动踏板 5）勿打转向盘（请驾驶人把转向盘扶正） 6）收后视镜 7）到出口处，绿灯亮时挂入低档开动车辆
3. 导入轨道		将车辆导入输送带轨道，并随时注意观察各种状况
4. 坚守岗位		在洗车程序进行中，操作人员不得擅自离开操作岗位，随时做好处理突发状况的准备
检查确认		
操作步骤	操作示意图	说　明
检查车辆		对清洗车辆进行检查，确认没有遗漏

（续）

车辆交接		
操作步骤	操作示意图	说明
车辆交接		将洗好的车交给车主

评价反馈

考核项目		评分标准	学生自评	小组互评	教师评价	小计
知识目标	汽车外部清洗的正确方法	能完整叙述				
	汽车清洗时常见的清洗用品和设备	能完整叙述				
	汽车外部清洗的正确工艺流程	能完整叙述				
	汽车外部清洗的注意事项	能完整叙述				
技能目标	汽车的外部清洗操作	会操作				
	汽车外部清洗设备和工具等用品的使用及保养方法	会操作				
素质目标	安全、规范操作	做到做好				
	操作步骤、流程正确完整	正确熟练				
	团队合作	是否和谐				
	现场6S	是否做到				
总评						

任务二 发动机舱和行李舱的清洁

学习目标

知识目标	1. 能够表述发动机舱和行李舱清洗剂的种类及其功能； 2. 能够表述发动机舱和行李舱的清洗方法及流程； 3. 能够表述发动机舱和行李舱清洗设备的使用方法。
技能目标	1. 掌握发动机舱和行李舱清洗设备的使用方法； 2. 能正确使用发动机舱和行李舱常用工具和专用设备对汽车进行清洗清洁。

任务描述

某客户发现自己的发动机舱和行李舱都布满了灰尘和污垢，现到4S店要求对其汽车的发动机舱和行李舱进行清洁。通过本任务的学习，学会清洁汽车发动机舱和行李舱。

知识准备

1. 使用工具

万能枪、消毒枪、超雾化喷壶、清洁毛刷、保护三件套，如图2-1和图2-2所示。

图2-1 消毒枪

图2-2 保护三件套

2. 使用产品

油污去除剂、发动机清洗剂、发动机镀膜剂或套装，如图2-3和图2-4所示。

图2-3 油污去除剂

图2-4 发动机镀膜剂

注意事项

1）发动机的清洗方法和清洗产品很多，注意不能用汽油清洗，且必须在发动机熄火或冷却状态下进行清洗，不能在阳光照射与车体发热时进行清洗。

2）做好防水的准备，要是不小心有水流进去，应及时擦干，避免时间久了生锈。发动机舱内的线束接口都有做防水处理，包括蓄电池、发动机、空气滤清器和火花塞等部件。

任务实施

一、对发动机舱的清洁护理

发动机舱的清洁护理见下表。

前期准备		
操作步骤	操作示意图	说明
1. 着装准备		着装整洁干净的工作服，不能穿有拉链和明扣的衣服，不允许佩戴手表、手链和金属挂件等，以免刮伤车漆
2. 设备、工具及材料准备		毛巾、万能枪、油污去除剂、发动机清洗剂、吹尘枪、发动机保护液

安全检查		
操作步骤	操作示意图	说明
1. 检查车轮挡块和驻车制动器		操作前的安全措施
2. 施工前检查		起动车辆，观察仪表指示灯显示是否正常

（续）

实施清洁		
操作步骤	操作示意图	说　明
1. 施工保护	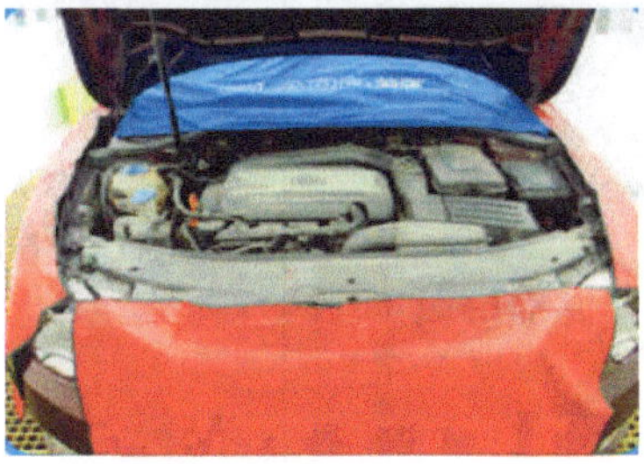	将发动机舱盖打开，用毛巾将前风窗玻璃遮住，用保护三件套将翼子板遮住，推出施工工具车，将万能枪接好并调试，将施工产品进行调配
2. 发动机舱除尘		将万能枪清洗液开关关闭，用空气吹掉发动机上的尘埃和脏物
3. 重油污处理		用油污去除剂 1∶1 兑水，对发动机重油污处进行清洗，如油污过多可用原液清洗，有万能枪无法清洁到的间隙或油污过重时，可用清洁毛刷进行清洁
4. 发动机清洗		将发动机清洗剂按 1∶4 兑水，按从上到下、由内向外的原则清洗整个发动机；边清洗边用毛巾擦拭，万能枪前端的毛刷与清洗部件要接触，但用力不能过大，清洗电路、传感器等部件时应将清洗液的量调小
5. 吹干处理		将万能枪清洗液开关关闭，用压缩空气将发动机舱内全部吹干

（续）

实施清洁		
操作步骤	操作示意图	说　明
6. 清洁空气滤清器		将纸质滤芯从空气滤清器壳中取出，用压缩空气将其吹净即可
7. 喷洒发动机保护液		最后一步是将发动机保护液均匀地喷在发动机壳上，用橡胶护理剂配合打蜡海绵擦拭橡胶管表面
8. 发动机舱外部清洁		将遮蔽物去除，先用湿毛巾再用干毛巾擦拭
9. 收拾现场		将施工工具整齐归放，施工车间进行彻底清洁

检查确认		
操作步骤	操作示意图	说　明
检查车辆		检查清洗后的发动机效果

二、对行李舱的清洁护理

行李舱与车身内部极为相似，内饰多为绒布，清洁方法也基本相同，见下表。

前期准备		
操作步骤	操作示意图	说明
1. 着装准备		着装整洁干净的工作服，不能穿有拉链和明扣的衣服，不允许佩戴手表、手链和金属挂件等，以免刮伤车漆
2. 设备、工具及材料准备		吸尘器、毛巾、万能枪、喷壶、胶保护剂、消毒清新剂
安全检查		
操作步骤	操作示意图	说明
检查车轮挡块和驻车制动器		操作前的安全措施
实施清洁		
操作步骤	操作示意图	说明
1. 清空行李舱		先取出行李舱内的备用胎、随车工具以及杂物和底板防护垫

（续）

实施清洁		
操作步骤	操作示意图	说　明
2. 除尘		拍去灰尘，用吸尘器吸去内部的灰尘、泥沙和污垢
3. 清洗内部		用电热式喷水、吸尘、吸水多功能清洗机进行清洁。如果没有以上设备也可用湿毛巾进行擦拭，主要是去除灰尘
4. 局部清洁		对于局部沾污严重的部位，用化纤织物清洗剂进行清洁
5. 喷涂光亮剂	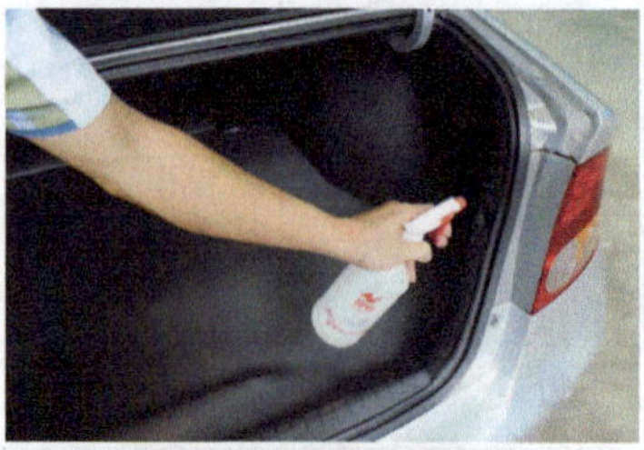	清洁后，对丝绒内饰可再喷涂一层丝绒保护剂或丝绒光亮剂
6. 清洗密封条		对行李舱的密封条，可先用水清洁，然后用毛巾吸干水分，再上车蜡或橡胶保护剂

（续）

实施清洁		
操作步骤	操作示意图	说　明
7. 喷洒清新剂		对整个行李舱喷洒消毒清新剂

检查确认		
操作步骤	操作示意图	说　明
检查车辆		最后复装备用胎、随车工具和杂物等。对行李舱进行检查，确认没有遗漏

车辆交接		
操作步骤	操作示意图	说　明
车辆交接		将发动机舱和行李舱进行清洁后的车辆交给顾客

评价反馈

考核项目		评分标准	学生自评	小组互评	教师评价	小　计
知识目标	发动机舱和行李舱清洗剂的种类及其功能	能完整叙述				
	发动机舱和行李舱的清洗方法及流程	能完整叙述				
	发动机舱和行李舱清洗设备的使用方法	能完整叙述				
技能目标	发动机舱和行李舱清洗设备的使用方法	会操作				
	使用发动机舱和行李舱常用工具和专用设备对汽车进行清洗清洁	会操作				

（续）

考核项目		评分标准	学生自评	小组互评	教师评价	小计
素质目标	安全、规范操作	做到做好				
	操作步骤、流程正确完整	正确熟练				
	团队合作	是否和谐				
	现场6S	是否做到				
总评						

任务三 汽车内室的吸尘和清洁

学习目标

知识目标	1. 能够表述常用清洗剂的种类及其功能； 2. 能够表述汽车清洗方法及流程。
技能目标	1. 掌握专用汽车清洗设备的基本知识和使用方法； 2. 能正确使用汽车清洗常用工具和专用设备对汽车进行清洗清洁。

任务描述

陈先生的车已经很久没有进行内室清洁了，他的车内室有很多难去除脏印及灰尘，现到4S店对其汽车的内室进行吸尘和清洁。通过学习本任务，学会清洁汽车内室。

知识准备

汽车内室清洗是汽车内室护理中最基础和最常见的作业，其护理对象主要为车内地板、仪表盘木质装饰、座椅垫、倒车镜、安全带和车内空调出风口等部位。

一、汽车内饰清洗作用与方法

1. 作用

汽车内饰中的地毯、座椅、空调风口和行李舱等处，经常接触潮湿的空气或水渍，在特定的环境中，这些地方最易滋生细菌，使内饰霉变，散发出臭气，不但影响了室内空气环境，也对健康产生了威胁。因此要不定期对汽车内饰进行清洁、杀菌和除臭，这样不但可以有效地防止各种污物对内饰的腐蚀而且可以延长汽车内饰的使用寿命。

汽车内饰清洁通常是对汽车内部空间的美容，主要包括车内顶棚的清洁、车侧立柱及车门内表面的清洁、仪表控制面板和清洁护理、车窗玻璃的清洁护理、座椅的清洁护理、安全带的清洁、地毯的清洗、转向盘的清洁、其他饰面的清洁（如离合器踏板、制动踏板、加速踏板等），还包括行李舱的清洁，如图2-5和图2-6所示。

2. 方法

1）室内桑拿：利用高温蒸汽桑拿机喷射蒸汽清洗。室内桑拿如图2-7所示。

2）臭氧杀菌：利用臭氧发生器，制造臭氧离子吸附细菌，达到杀菌的目的。臭氧杀菌如图2-8所示。

3）清洗剂清洗：使用专业清洗剂擦洗车内各部位，清除污垢。

图 2-5　座椅的清洁护理

图 2-6　转向盘的清洁

图 2-7　室内桑拿

图 2-8　臭氧杀菌

二、内饰清洗常用设备

1. 吸尘器

吸尘器是一种能将尘埃、脏物及碎屑吸除的用电设备，类别及性能见下表。

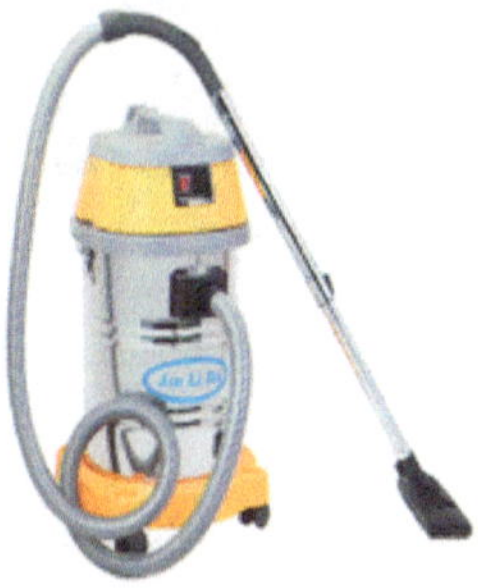

类别	性　能
专业吸尘器	吸尘效果最好，使用较多，它具有较好的防水性，而且集吸尘、吸水、风干于一体，配有适于汽车内室结构的专用吸嘴，操作简单，吸力大，并可以与内室蒸汽机配套使用
家用型吸尘器	虽然吸力不小，但防水性差，如果将吸尘器置于操作间，难免在洗车时将水溅入吸尘器，容易出现内部短路，甚至烧毁
便携型吸尘器	便携型吸尘器是供车主随车携带的，它使用汽车上的电源（利用点烟器插座），体积小，携带方便，但不适合专业护理店使用

2. 脱水机

汽车美容脱水机适用于坐垫、座套、地毯、柔软装饰物、搭布及软性物件等的脱水见下表。

脱水机

产品性能：大负荷、高效率。可装载13kg的脱水物，3min即可完成脱水，外形美观，不锈钢外壳永不生锈

技术参数

电源	380V/220V	功率	720W
转速	1200r/min	脱水时间	2～4min
装载质量	13kg	本机质量	110kg

适用范围：适用于汽车内饰物清洗脱水

3. 汽车桑拿机

汽车桑拿机有着传统洗车方法无可比拟的消毒、杀菌功效。因它与流行已久的桑拿浴有着异曲同工之效，故而被形象且亲切地称为“汽车桑拿”。汽车桑拿机如图2-9所示。

4. 高温蒸汽杀菌器

高温蒸汽洗车（图2-10）是汽车清洗美容馆护理服务。高压蒸汽既可消毒，又可除污，有独特的热分解功能，能迅速地化解泥沙和污渍的附着物质，让其脱离汽车表面，达到清洗的目的。蒸汽不但可以清洗外观还可以清洗内饰，合格的蒸汽洗车设备通过调节蒸汽水分饱和度，可以将蒸汽含水量降到极低，干蒸汽不但可以将车内各种缝隙中的污垢、颗粒吹洗干净，还因为蒸汽的高温特性可以起到杀菌除螨去除异味的作用。

图2-9 汽车桑拿机

图2-10 高温蒸汽杀菌器

三、汽车内饰清洗工具

常用的汽车内饰清洗工具主要有喷壶、毛巾、真皮、塑料、纤维织物清洁保护剂、真皮上光保护剂、真皮与塑料上光翻新保护剂和地毯清洁剂等。

任务实施

汽车内室清洁及吸尘护理是一项系统细致的护理作业，一定要遵循规范的操作程序。主要有顶棚、座椅、仪表台、地板、行李舱等，见下表。

前期准备		
操作步骤	操作示意图	说　明
1. 着装准备		着装整洁干净的工作服，不能穿有拉链和明扣的衣服，不允许佩戴手表、手链和金属挂件等，以免刮伤车内饰
2. 设备、工具及材料准备		吸尘器、毛巾、长毛刷、吹尘枪等
安全检查		
操作步骤	操作示意图	说　明
检查车轮挡块和驻车制动器		操作前的安全措施
实施清洁		
操作步骤	操作示意图	说　明
1. 整理杂物		将杂物箱里的杂物或垃圾清理干净，并把地毯拿出来用软刷清理掉杂物
2. 除尘		杂物清理完后，用吸尘器将车内的灰尘吸净，特别是座椅下或各角落

（续）

实施清洁		
操作步骤	操作示意图	说明
3. 清洁顶棚及其他内饰面		先用大功率吸尘管和刷子在大面积上进行清洁，然后用中性的洗涤液着重清洁污垢，再普遍清洗全面，但必须注意的是，车顶棚清洁时抹布一定要干些，否则湿乎乎的抹布使清洗剂浸湿车顶材料时很难干燥
4. 清洁仪表板		用较为宽口的木片或尺子，裹上抹布来清扫空调送风口的百叶部分，用较尖的木片或尺子，裹上抹布来清洁仪表开关的边角等，会很容易把灰尘清扫干净
5. 清洁座椅及立柱		1）使用长毛的刷子和吸力强的吸尘器配合，一边刷座椅表面一边用吸尘器的吸口把污物吸出来 2）立柱部分使用浓度高些的中性洗涤液进行清洗为好
6. 清洁空调系统		用真空吸尘器对各进出风口吸尘。取下进气滤网，用气枪进行吹尘，用湿毛巾擦去进出风口的灰尘和污垢

检查确认		
操作步骤	操作示意图	说明
整理恢复	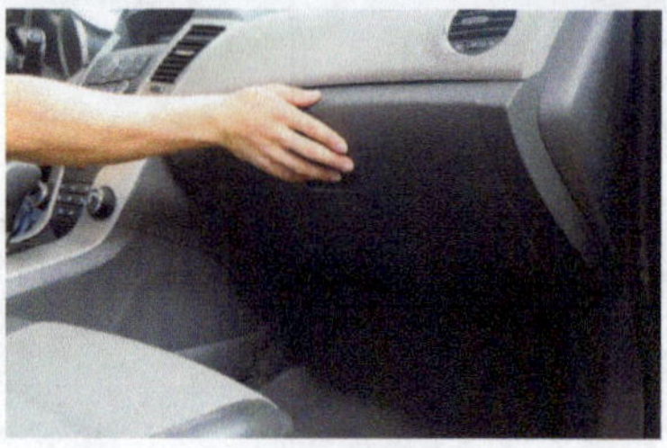	吹尘完毕后，清理收拾好现场，恢复施工前原貌，确认没有遗漏。施工完毕后0.5h，打开车门，保持空气畅通及充足的光线照射

（续）

车辆交接		
操作步骤	操作示意图	说明
车辆交接	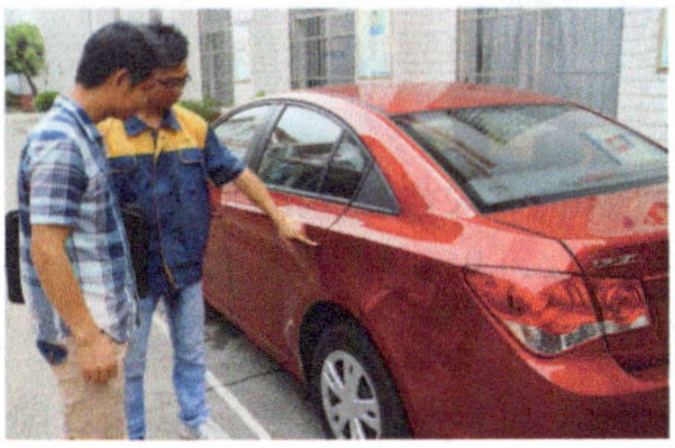	将内室清洁后的车辆交给顾客

评价反馈

考核项目		评分标准	学生自评	小组互评	教师评价	小计
知识目标	常用清洗剂的种类及其功能	能完整叙述				
	汽车清洗方法及流程	能完整叙述				
技能目标	专用汽车清洗设备基本知识和使用方法	会操作				
	汽车清洗常用工具和专用设备对汽车进行清洗清洁	会操作				
素质目标	安全、规范操作	做到做好				
	操作步骤、流程正确完整	正确熟练				
	团队合作	是否和谐				
	现场6S	是否做到				
总评						

任务四 汽车车厢内的臭氧杀毒除菌

学习目标

知识目标	1. 能够表述汽车车厢内臭氧杀毒除菌设备工具及用品的分类； 2. 能够表述汽车车厢内臭氧杀毒除菌的方法及流程。
技能目标	掌握汽车车厢内臭氧杀毒除菌的操作方法。

任务描述

李先生带孩子到郊区游玩，孩子在车内吃零食，不小心把零食和饮料洒落在车厢内，导致车厢内有异味，到4S店对其汽车的内室进行消毒除菌。

知识准备

一、臭氧消毒的作用及原理

汽车的消毒方法主要有传统的蒸汽消毒、化学消毒以及现在大多数汽车养护中心采用专用消毒机进行的臭氧消毒。

目前流行的臭氧消毒法是采用一个能迅速产生大量臭氧的汽车专用消毒机来进行消毒的。臭氧是一种具有广泛性的、高效的快速杀菌剂，它可以杀灭使人和动物致病的多种病菌、病毒及微生物。它的消毒机理是：通过在较短的时间内破坏细菌、病毒和其他微生物的结构，使之失去生存能力。臭氧的杀菌作用是快速的，当其浓度超过一定数值后，消毒杀菌甚至可以瞬间完成。臭氧对很多病菌、霉菌、病毒、真菌、原虫、卵囊都具有明显的灭活效果，且就灭菌时间来说，迅速无比，是氯的300~600倍，紫外线的3000倍。臭氧还可以通过氧化反应除去车内的有毒气体，如CO、NO、SO_2、芥子气等。臭氧消毒原理图如图2-11所示。

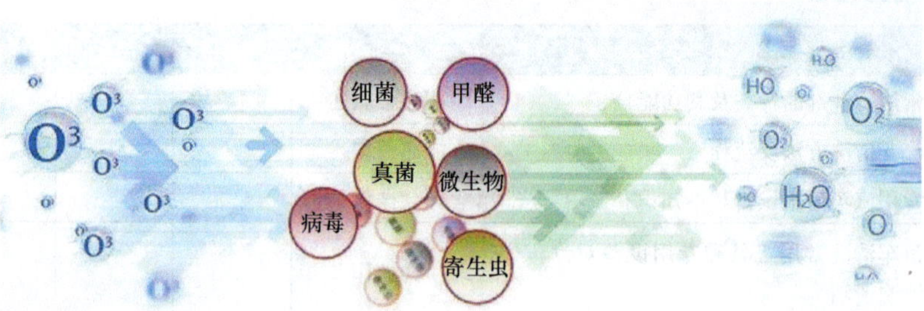

图2-11 臭氧消毒原理图

利用臭氧消毒杀菌不残存任何有害物质，不会对汽车造成第二次污染。因为臭氧杀菌消毒后很快就分解成氧气，而氧气是对人体有益无害的。

二、设备、工具及用品

高压清洗机一台、空气压缩机一台，海绵两块、毛巾两块、浴巾一条、鹿皮两块、板刷一件等。清洗用品主要有专用的洗车液、臭氧消毒机、刮水刮板和吸尘器。

任务实施

消毒步骤见下表。

前期准备		
操作步骤	操作示意图	说明
1. 着装准备		着装整洁干净的工作服，不能穿有拉链和明扣的衣服，不允许佩戴手表、手链和金属挂件等，以免刮伤车漆

（续）

前期准备		
操作步骤	操作示意图	说　明
2. 设备、工具及材料准备		吸尘器、毛巾、专用消毒机等
安全检查		
操作步骤	操作示意图	说　明
检查车轮挡块和驻车制动器		操作前的安全措施
实施消毒		
操作步骤	操作示意图	说　明
1. 清洗汽车外表		将汽车的外部清洗干净
2. 清空内室		取出车内物品（包含所有的附加电子产品及食品、饮料等）
3. 对汽车进行内室清洁		对汽车内室进行清洁吸尘

（续）

实施消毒		
操 作 步 骤	操作示意图	说　　明
4. 臭氧消毒		将一根连接着汽车专用消毒机的胶管伸入车厢内，打开汽车专用消毒机和车内空调，利用空调的空气循环，将汽车专用消毒机产生的高浓度臭氧送到车内的每个角落，如此只需10min就可以了
5. 物品归位		将取出的物品放回

检查确认		
操 作 步 骤	操作示意图	说　　明
整理恢复		消毒完毕后，清理收拾好现场，恢复施工前原貌，确认没有遗漏。施工完毕后0.5h，打开车门，保持空气畅通及充足的光线照射

车辆交接		
操 作 步 骤	操作示意图	说　　明
车辆交接	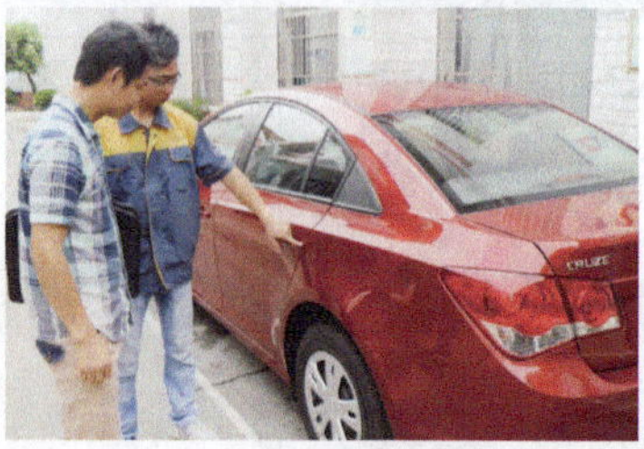	将内室消毒后的车辆交给顾客

评价反馈

考核项目		评分标准	学生自评	小组互评	教师评价	小　计
知识目标	汽车车厢内臭氧杀毒除菌设备工具及用品分类	能完整叙述				
	汽车车厢内臭氧杀毒除菌的方法及流程	能完整叙述				
技能目标	掌握汽车车厢内臭氧杀毒除菌的操作方法	会操作				
素质目标	安全、规范操作	做到做好				
	操作步骤、流程正确完整	正确熟练				
	团队合作	是否和谐				
	现场6S	是否做到				
总　评						

项目三 汽车漆面的护理

任务一 新车的开蜡

学习目标

知识目标	1. 能够表述新车封漆蜡和开蜡水的作用及种类； 2. 能够表述新车开蜡的方法及流程； 3. 能够表述新车开蜡的注意事项。
技能目标	掌握新车开蜡的操作方法。

任务描述

陈女士刚买了一辆新车，发现车外表脏兮兮的，用水又洗不掉，到4S店经过技师分析是新车外表面有封漆蜡，现要求把这些封漆蜡去除。通过本任务的学习，学会新车开蜡的操作。

知识准备

一、汽车开蜡

为了抵御新车在运输途中海水飞溅、轻微剐蹭等因素对漆膜的损伤，通常会在车体外表进行封蜡，一般情况下汽车生产商不允许封蜡停留于车漆表面一年半以上，否则封蜡将会因阳光紫外线、大气酸性物质的助解性而演变成有害物质腐蚀车体。所以新买的车辆都要清除封蜡，这种过程被称为“开蜡”。

二、封漆蜡的种类

1. 油脂封漆蜡

油脂封漆蜡车体蜡壳呈半透明状态，多用于长途海运的出口汽车。它可提供蜡壳极硬的保护层，即使碱性极高的海水飞溅于涂有封蜡的车体表面，也不能对其造成任何损害，并可防止大型双层托运车在途中遇到树枝或其他人为所造成的轻微损伤，保证了新车在出厂后一年内不受其他有害物质的侵蚀。可用油脂开蜡水处理。油脂封漆蜡如图3-1所示。

2. 树脂封漆蜡

树脂封漆蜡车体蜡壳呈亚透明状态，主要用于本国短途运输的汽车。它可为车身提供一年以上良好的硬质保护层，能防止运输新车过程中人为轻微剐蹭所造成的划痕现象，但无法抵御海水的侵蚀，所以这种树脂封蜡不适合在海洋运输中为汽车提供防止碱性物质侵蚀的保护层。可用树脂开蜡水处理。树脂封漆蜡如图 3-2 所示。

图 3-1　油脂封漆蜡

图 3-2　树脂封漆蜡

3. 硅性油脂保护蜡

硅性油脂保护蜡车体蜡壳呈透明状态，新车出厂时为汽车提供短期的保护层。能有效防止阳光紫外线、酸碱气体、树枝和风沙等一般的侵害。对于海水或运输新车过程中所造成的剐蹭现象却不能起到很好的保护作用。可用强力脱蜡洗车液处理。

三、设备、工具及用品

1. 新车开蜡所需的设备及工具

高压清洗机、专用洗车海绵、高密度纯棉毛巾、塑料异形刮板、防护眼镜、棕毛刷、橡胶手套等。

2. 新车开蜡的产品

1）油脂开蜡洗车液市场上 80% 的产品属于非生物降解型溶剂，主要原料提炼于石油，强碱性药剂，因此使用时应注意劳动保护。

2）树脂开蜡洗车液属于多功能轻质水溶性清洗剂，含有树脂聚合物的溶解元素，渗透性较好，使用起来比较安全。

3）强力脱蜡洗车液属于生物降解型产品，主要提炼于天然橙皮，并含有阴离子表面活性剂，泡沫丰富，分解性较好，因此成本也较高。

注意事项

1）进行开蜡工序前，必须将全车外表面清洁，以免操作时因车体携有沙粒给漆面造成划痕。

2）开蜡中所使用的毛巾应不断清洁，以保证清除掉的封蜡不致存留于毛巾上太多而不便于继续施工。

3）如在擦除封蜡过程中发现“吱吱”的响声，应立刻停止施工，说明毛巾中存有沙粒，清洗干净后才可使用。

4）封蜡停留于车体表面两年以上的车辆，应在开蜡后进行抛光，然后打蜡即可。

5）因开蜡后新漆膜暴露在外，极易受到氧化，所以应使用耐氧化性较好的新车保护蜡进行上光。

6）不要用汽油、煤油或柴油溶解除蜡。

任务实施

开蜡工序见下表。

前期准备		
操作步骤	操作示意图	说明
1. 着装准备	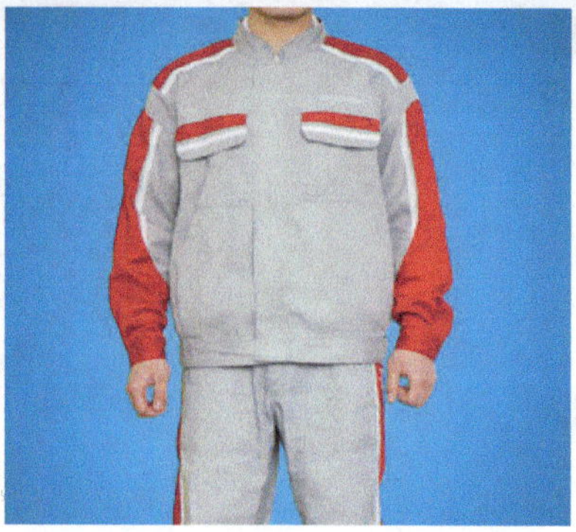	着装整洁干净的工作服，不能穿有拉链和明扣的衣服，不允许佩戴手表、手链和金属挂件等，以免刮伤车漆
2. 设备、工具及材料准备		高压水枪、洗车海绵、毛巾、喷水壶、开蜡水等

安全检查		
操作步骤	操作示意图	说明
检查驻车制动器拉起，车窗关闭		操作前的安全措施

实施开蜡		
操作步骤	操作示意图	说明
1. 高压冲洗		用高压水枪将车体大颗粒泥沙冲洗干净

（续）

实施开蜡		
操作步骤	操作示意图	说　明
2. 喷洒开蜡水		将开蜡水均匀地喷洒于车体
3. 擦拭		喷洒开蜡水 3min 后，用干毛巾或不脱毛纯棉毛巾擦拭车表，并用棕毛刷刷洗缝隙
4. 冲洗		用高压水枪对车身表面进行冲洗
5. 擦干	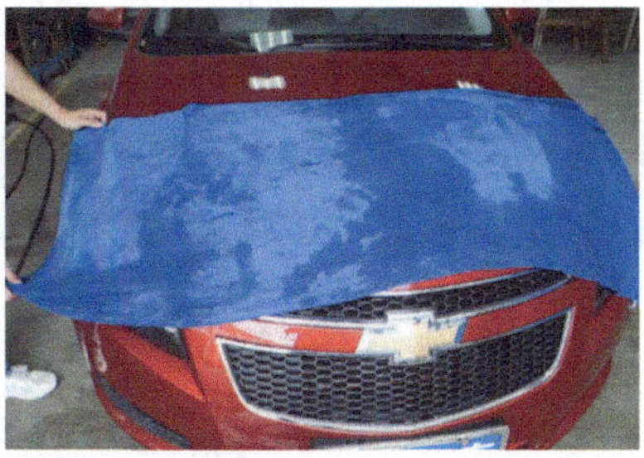	用纯棉毛巾沿车前后擦拭两遍，吸去多余的水分，再用鹿皮擦干漆面、玻璃。擦干车门内边、保险杠等处的多余水分，最后用气枪把缝隙和接口处的水分吹干
检查确认		
操作步骤	操作示意图	说　明
检查车辆		确认车辆漆面的蜡都去除干净，没有遗漏

（续）

车辆交接		
操作步骤	操作示意图	说　明
车辆交接	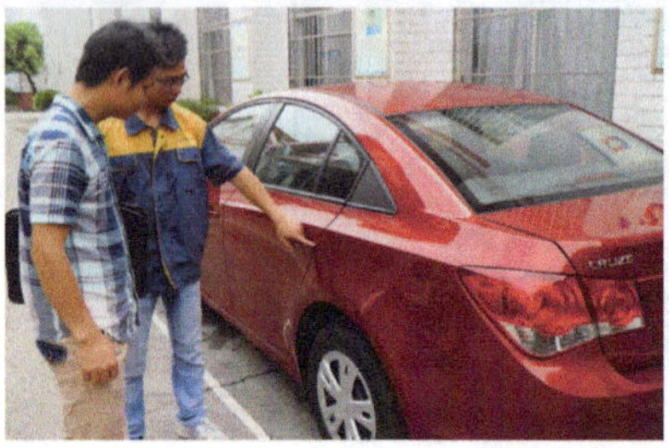	将开蜡的车辆交给顾客进行其他护理

评价反馈

考核项目		评分标准	学生自评	小组互评	教师评价	小　计
知识目标	新车封漆蜡和开蜡水的作用及种类	能完整叙述				
	新车开蜡的方法及流程	能完整叙述				
	新车开蜡的注意事项	能完整叙述				
技能目标	新车开蜡用的工具对汽车进行新车开蜡的操作方法	会操作				
素质目标	安全、规范操作	做到做好				
	操作步骤、流程正确完整	正确熟练				
	团队合作	是否和谐				
	现场6S	是否做到				
总　评						

任务二　汽车漆面的打蜡

学习目标

知识目标	1. 能够表述汽车漆面打蜡的作用； 2. 能够表述汽车蜡的种类与选用方法； 3. 能够表述打蜡所需的工具与设备的选用。
技能目标	掌握打蜡的操作方法。

任务描述

张先生的汽车使用了三年，由于受到自然条件的影响导致漆面暗淡无光，经过4S店的技师评估，整车漆面需要进行打蜡护理，让车身漆面得到保护以延长寿命，使人视觉上更亮丽。通过本任务的学习，学会汽车漆面的打蜡。

知识准备

汽车打蜡养护后，能去除漆面的顽固污渍，形成一层保护膜。对车漆已形成的氧化膜有很好去除效果并能修补车漆的一些微裂间隙。防止紫外线，酸性、碱性等物质的腐蚀。延缓车漆的老化，延长车漆的使用寿命。

一、汽车蜡的作用及原理

(1) 防水作用 在强烈阳光照射下，每个小水滴就是一个凸透镜。在它聚焦作用下，焦点处温度达 800～1000℃。造成车漆暗斑，极大影响车漆的质量与寿命。还易使暴露金属表面产生锈蚀。车蜡对水性物质有排斥作用，可使水珠不易附着在车体表面。防水作用如图 3-3 所示。

(2) 抗高温作用 车蜡的抗高温作用原理是对来自不同方向的入射光产生有效的反射，防止反射光使漆面和底色漆老化变色。

(3) 防静电作用 静电给驾驶人带来诸多不便，甚至会造成伤害。车蜡防静电的作用主要体现在车表面静电防止上，其作用原理是隔断尘埃与金属表面摩擦。由于涂覆蜡层的厚度及车蜡本身附着能力不同，它的防静电作用有一定差别，一般防静电车蜡在阻断尘埃与漆面的摩擦能力方面优于普通车蜡。

(4) 防紫外线作用 由于紫外线的特性决定了紫外线较容易折射进入漆面，防紫外线车蜡充分考虑了紫外线的特性，使其对车表的侵害得以最大限度地降低。

(5) 上光作用 上光是车蜡最基本的作用，经过打蜡的车辆，都能改善其表面的光亮度，使车身恢复亮丽本色。上光作用如图 3-4 所示。

图 3-3 防水作用

图 3-4 上光作用

(6) 研磨抛光作用 当漆面出现浅划痕时，可使用研磨抛光车蜡。如划痕不严重，抛光和打蜡可一次完成。

二、汽车打蜡的周期

由于车辆行驶的环境、停放场所不同，打蜡的时间间隔也应不同，一般有车库停放，多在良好路面上行驶的车辆，每隔 1～2 月打一次蜡；露天停放的车辆，由于风吹雨淋，最好每个月打一次蜡。当然，这并非是硬性规定，一般用手触摸车身感觉不光滑时，就可再次打蜡。

三、汽车车蜡的分类

(1) 按物理状态 可分为喷雾蜡、液体蜡、半固态蜡和固体蜡。这些汽车蜡的黏度越大光泽越艳丽、持久性越强，但去污性越弱，打蜡操作越费力。相反，黏度越小的汽车蜡越便于使用，但持久性越弱，如图3-5所示。

a) 固体蜡　　b) 半固态蜡　　c) 液体蜡　　d) 喷雾蜡

图3-5　汽车车蜡

（2）按装饰效果的不同　可分为无色上光蜡、有色上光蜡。无色上光蜡主要以增光为主，有色上光蜡主要以增色主，如图3-6和图3-7所示。

图3-6　无色上光蜡

图3-7　有色上光蜡

（3）按其作用不同　可分为防水蜡（图3-8）、防高温蜡、防静电蜡（图3-9）及防紫外线蜡多种。

图3-8　防水蜡

图3-9　防静电蜡

（4）按功能的不同　可分为上光蜡和抛光研磨蜡两种。上光蜡主要用于表面上光。抛光研磨蜡主要用于浅划痕处理及漆膜的磨平作业，以清除浅划痕、桔皮、填平细小针孔等。

（5）按生产国别不同　可分为国产蜡和进口蜡。

任务实施

打蜡有手工打蜡和机器打蜡两种方式。手工打蜡便于掌握均匀度，不会出现一圈圈的痕迹，但是耗时长；打蜡机打蜡时间短、效率高，可快速将车蜡在车上打匀，但对操作技术要求较高，操作不当，车身表面易出现圈痕。

一、手工打蜡操作步骤流程与方法

手工打蜡操作步骤流程与方法见下表。

前期准备		
操作步骤	操作示意图	说　明
1. 着装准备	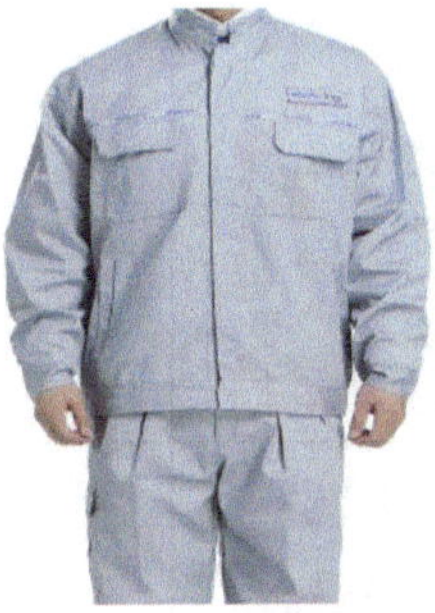	着装整洁干净的工作服，不能穿有拉链和明扣的衣服，不允许佩戴手表、手链和金属挂件等，以免刮伤车漆
2. 设备、工具准备	  	将打蜡所有的设备和工具准备好
3. 材料准备	 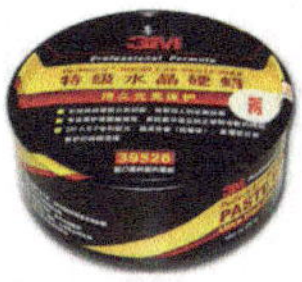	将打蜡需要的材料和耗材准备好

（续）

<table>
<tr><th colspan="3">安全检查</th></tr>
<tr><th>操 作 步 骤</th><th>操作示意图</th><th>说　　明</th></tr>
<tr><td>1. 检查驻车制动器是否拉起，车窗关闭</td><td>
</td><td>操作前的安全措施</td></tr>
<tr><td>2. 检查车辆</td><td></td><td>检查车辆漆面是否有刮伤和其他污垢，若车辆漆面有刮伤，要与车主交流看是否需要补漆</td></tr>
<tr><th colspan="3">实施打蜡</th></tr>
<tr><th>操 作 步 骤</th><th>操作示意图</th><th>说　　明</th></tr>
<tr><td>1. 汽车清洗</td><td></td><td>将汽车表面清洗干净，不能有污垢，并擦干水分</td></tr>
<tr><td>2. 手工上蜡</td><td></td><td>用打蜡海绵蘸取适量车蜡，以画小圆圈旋转的方式均匀涂蜡，圆圈大小以圆内无遗漏漆面为准，每圈盖前一圈 1/3，防止漏涂及保证均匀涂抹</td></tr>
</table>

（续）

实施打蜡		
操作步骤	操作示意图	说　明
3. 晾干车蜡		上蜡后5~10min，当车蜡在车漆表面开始发白，用手抹一下，手上有白色粉末，抹过的漆面有光亮，说明蜡已经干燥，此时便可以开始抛蜡
4. 手工抛蜡		用软干燥的毛巾沿直线方向擦拭，直到整个车表面全部擦拭，看不见残蜡
5. 清理	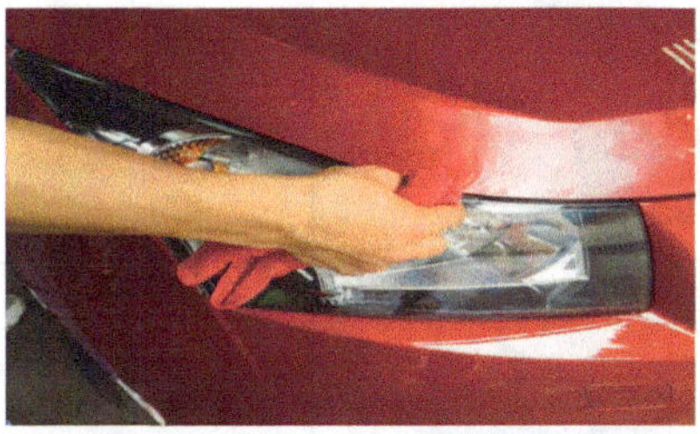	打蜡作业完成后，应清除车灯、车牌、车门和行李舱等处缝隙中的残留蜡，这些车蜡如不及时清理，不仅影响车身美观，还可能产生锈蚀
检查确认		
操作步骤	操作示意图	说　明
检查车辆	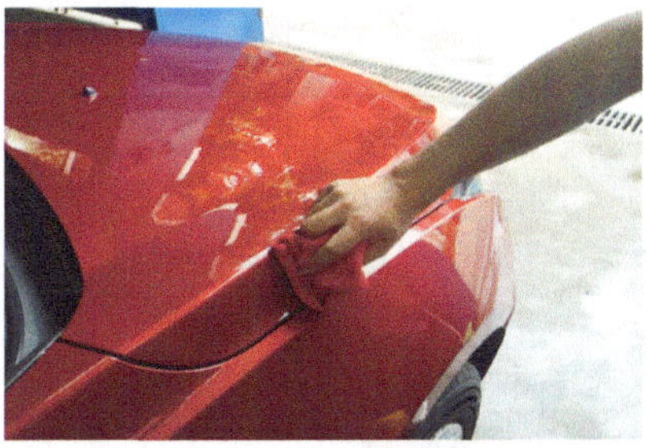	将打蜡的车辆外表面全部检查，确认没有遗漏

（续）

车辆交接		
操作步骤	操作示意图	说明
车辆交接	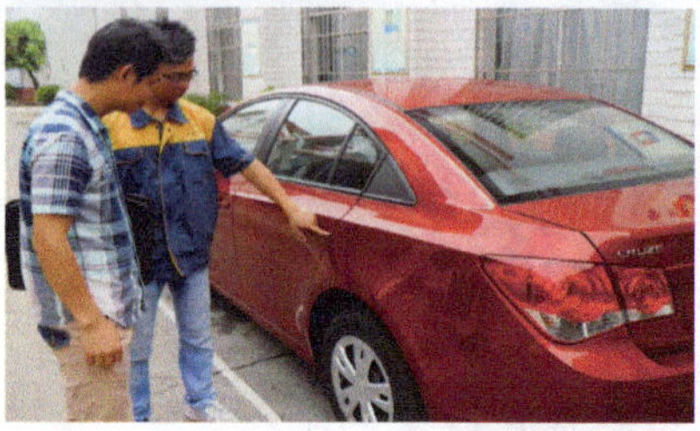	将打蜡好的车辆交给顾客

二、机械打蜡的操作步骤和方法

机械打蜡的操作步骤和方法见下表。

前期准备		
操作步骤	操作示意图	说明
1. 着装准备		着装整洁干净的工作服，不能穿有拉链和明扣的衣服，不允许佩戴手表、手链和金属挂件等，以免刮伤车漆
2. 设备、工具准备	  	将打蜡所有的设备和工具准备好
3. 材料准备	 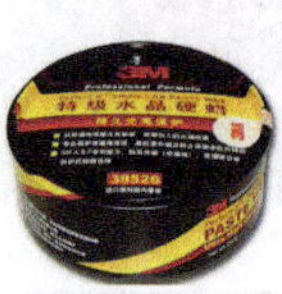	将打蜡需要的材料和耗材准备好

（续）

安全检查		
操 作 步 骤	操作示意图	说　明
1. 检查驻车制动器是否拉起，车窗关闭		操作前的安全措施
2. 检查车辆		检查车辆漆面是否有刮伤和其他污垢，若车辆漆面有刮伤，要与车主交流看是否需要补漆

实施打蜡		
操 作 步 骤	操作示意图	说　明
1. 汽车清洗		将汽车表面清洗干净，不能有污垢，并擦干水分
2. 遮蔽	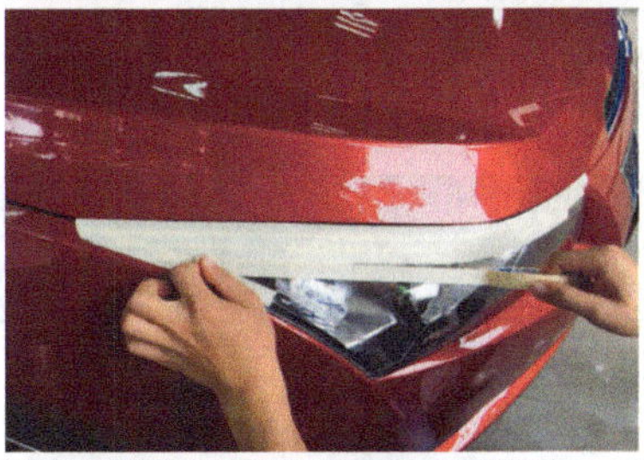	将车辆外表面的饰条、车窗防雨密封条等橡胶、塑料制品用纸胶带遮盖
3. 上蜡		在海绵盘上均匀涂上一层薄薄的液态蜡，然后将打蜡机平放在车身表面，开动打蜡机磨头，每次按约 $0.5m^2$ 的面积涂匀

（续）

实施打蜡		
操作步骤	操作示意图	说　明
4. 抛光		上蜡后晾干10min左右，将打蜡机上的海绵盘更换为抛蜡盘，均匀地按规则路线抛光
5. 补漏	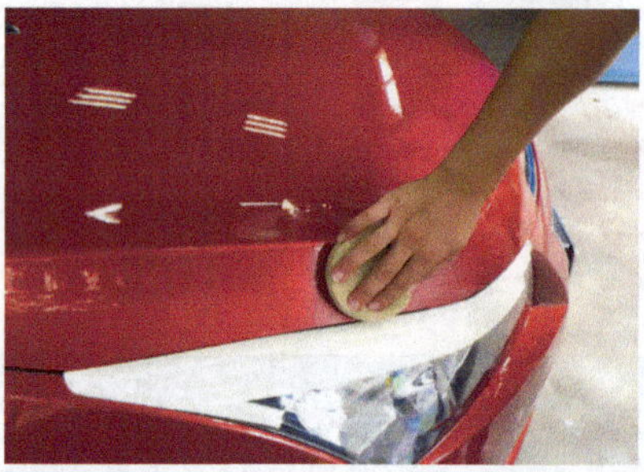	车身表面结构复杂，有些窄小部位打蜡机打不到，所以，还应通过手工进行局部补漏打蜡
6. 清理	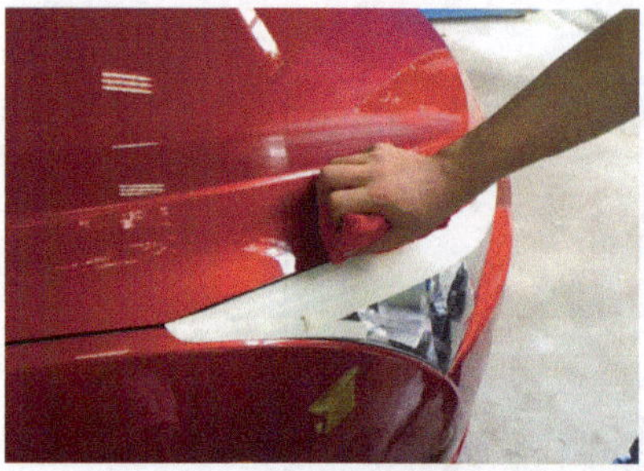	清理、清除缝隙中残留的车蜡，并拆除纸胶带
检查确认		
操作步骤	操作示意图	说　明
检查车辆	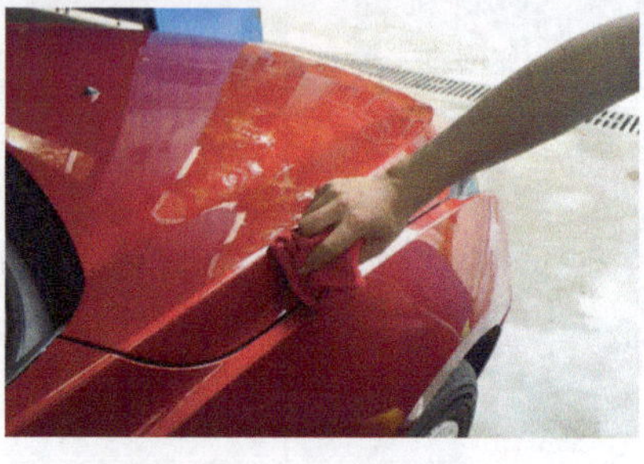	将打蜡的车辆外表面全部检查，确认没有遗漏

（续）

车辆交接		
操作步骤	操作示意图	说　明
车辆交接	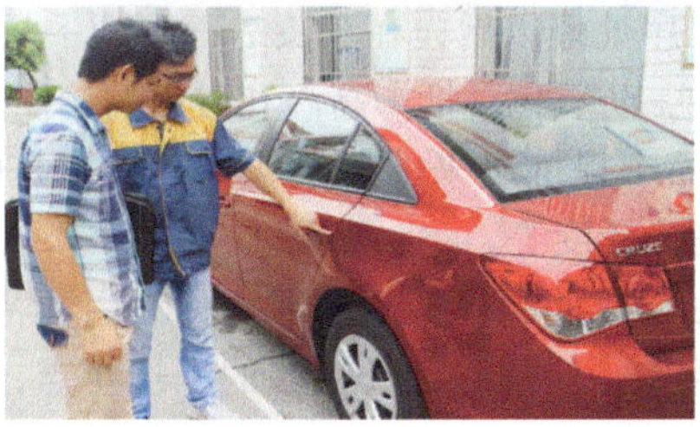	将打蜡好的车辆交给顾客

评价反馈

考核项目		评分标准	学生自评	小组互评	教师评价	小　计
知识目标	汽车漆面打蜡的作用	能完整叙述				
	汽车蜡的种类与选用方法	能完整叙述				
	打蜡所需的工具与设备的选用	能完整叙述				
技能目标	打蜡的操作方法	会操作				
素质目标	安全、规范操作	做到做好				
	操作步骤、流程正确完整	正确熟练				
	团队合作	是否和谐				
	现场6S	是否做到				
总　评						

任务三　汽车漆面的封釉

学习目标

知识目标	1. 能够表述汽车漆面封釉的作用； 2. 能够表述汽车釉的种类与选用方法； 3. 能够表述汽车漆面封釉所需的工具与设备。
技能目标	掌握汽车漆面封釉的操作方法。

任务描述

某品牌汽车使用了两年，车主觉得汽车打蜡不够持久耐用，而且打蜡对汽车的保护还不够好，于是想给车进一步做漆面封釉，通过本任务的学习，学会汽车漆面的封釉。

知识准备

一、汽车封釉的作用

汽车封釉，顾名思义就是经过多道工序处理以后，在车漆表面形成一层类似“唐三彩”等陶器制品外表涂层的保护膜，具有隔紫外线，防氧化，抵御高温和酸雨的功能。

常说的釉实际上是一种从石油副产品中提炼出来的抗氧化剂。特点是防酸、抗腐、耐高温、耐磨、耐水洗、渗透力强、附着力强、高光泽度等。

封釉就是用柔软的羊毛或海绵通过振抛机的高速振动和摩擦，利用釉特有的渗透性和黏附性把釉分子强力渗透到汽车表面油漆的缝隙中，使油漆也具备釉的上述特点，从而起到美观和对车漆保护的特点。

新车需要进行封釉，旧车更应该尽早做封釉。如果车子开过一段时间，空气中的灰尘颗粒以及不专业的洗车过程都会在车漆表面留下许多微小的划痕。这些划伤在灯光下会形成密密的同心圆，俗称为“太阳圈”。而封釉就像用牙膏修补手表上的划痕，能经过抛光机将漆面修复、打光，起到车漆翻新的作用。

二、汽车封釉的周期

一般封釉的厂家会向车主担保做一次封釉美容可以2～3年不用打蜡，其实这种说法不是很准确。釉其实是一层膜，与车辆的使用率和空气环境、洗车次数有直接的关系。一般的车封完釉保养好的大约一年就要再封第二次。

三、常用的汽车釉产品品牌

常用的汽车釉产品品牌见下表。

序　　号	品牌名称	简　　介
1	格耐	格耐釉内含双倍活跃因子的 GLASSLEXIN 配方，可抗磨、抗酸、防火、防紫外线、渗透和密封汽车表面的油漆，持久保护新车光彩亮丽，修复旧车车表磨损及还原其光泽度，使车表具有水晶般光亮，丝绸般柔和的手感
2	美鹰	美鹰亮釉具有耐酸、抗高温、抗氧化、抗划痕和抗紫外线等特点，使用后可使汽车漆面呈现高亮泽度且晶亮持久、安全环保
3	仕威伯	广州仕威伯汽车用品有限公司是一家集工、科、贸于一体的实体性联合公司，生产有封釉、镀膜系列产品及精细研磨、车蜡、漆面上光剂、底盘装甲、光触媒、空气清新剂、洗车泥、汽车上光泡沫剂和越野车组灯等产品
4	澳斯通	加拿大澳斯通公司是注册于加拿大的一家汽车用品高科技公司，专门从事汽车后市场用品的开发和研制工作，公司的核心研发团队由有着多年行业经验的科学家组成
5	龟牌	驰名世界的 Turtle Wax——龟牌蜡系列是龟博士极限护理所采用的经典产品，畅销世界60余年经久不衰，纯天然（巴西棕榈）成分和独特的专利技术是其高品质的奥秘所在
6	3M	3M 公司创建于1902年，总部设在美国明苏达州的圣保罗市，是世界著名的产品多元化跨国企业
7	盾膜	盾膜是利用高科技的电解质溅射喷涂法，在由含有稀有金属钻的 PET（聚乙烯对苯二酸酶）材质提炼而成的复合聚酯纤维中加入金属原子层后，叠加而成，具备高强度的粘连力、抗张力、高伸张度、强抗酸碱性，在高温下也能保持其良好的物理性质

四、汽车封釉的步骤

1. 中性清洗

别看只是清洗，却很有讲究。清洗剂必须使用中性的，因为碱性的清洗剂会腐蚀车漆，如果残存在车体缝隙中，腐蚀性就更大了。

2. 黏土打磨

由于长期寄存的尘土、胶质等污垢很难清除，因此经过清洗的车漆表面仍然很毛糙，这就需要用洗来除去，一种从细腻火山灰中提炼出来的“去污黏土”进行全面的打磨处理。

3. 深度清理

就像人皮肤上的毛孔需要清理一样，汽车的毛孔也需要清洁。使用静电抛光轮，配以增艳剂，在旋转的同时产生使用静电抛光轮，配以增艳剂，在旋转的同时产生静电，将毛孔内的脏物吸出。同时，增艳剂渗透到车漆内部，发生还原反应，可以达到车漆增艳如新的效果。

4. 振抛封釉

振抛封釉是封釉美容的关键步骤，在专用振抛机的挤压下类似釉的保护剂被深深压入车漆的毛孔内形成牢固的网，类似釉的保护剂被深深压入车漆的毛孔内，附着在车漆表面。保护剂中富含 UV 紫外线防护剂，大大降低日晒辐射，并可抵御酸碱等化学成分的侵蚀。

5. 无尘打磨

用无尘纸打磨一遍车身，可以让车漆如镜面般光亮并产生一定抵御能力。

汽车封釉的正规操作工序如图 3-10 所示。

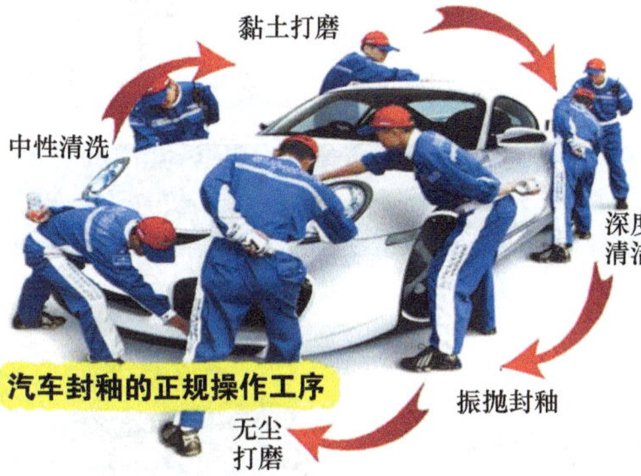

图 3-10　汽车封釉的正规操作工序

五、封釉前的准备工作

1. 车身清洗

用泡沫清洗剂洗车，黏土擦拭。新车需彻底清除车身防护蜡或纸胶带至完全洁净；如是打过蜡的旧车，也需用开蜡水及中性洗车液清除干净，否则会严重影响封釉效果。

2. 抛光处理

对购车超过一个月以上的车身，需观察其车漆表面的氧化、褪色、污损、磨损和划伤程度，视情形予以不同程度的抛光处理直至去除氧化层、污损、网纹及一般划痕，并达光亮。

3. 车身冷却

刚熄火的车需通过洗车、打开发动机舱盖等方式使车表（尤其发动机舱盖部分）温度降至室温，方可开始上釉。温度过热将严重影响上釉的质量。在夏日高温下更需注意。

4. 无尘操作

封釉必须在室内操作，以免灰尘重新积在车表，再次划伤车漆。

5. 工具准备

应使用转速 4000r/min 以上的抛光机，配以相应的羊毛球、海绵球。凡施工格耐釉的抛光机、封釉机所用抛光海绵、渗釉海绵、封釉海绵，均不可用于其他磨料的施工，以防止其他原料与格耐釉在海绵中混合。

任务实施

车身漆面封釉的操作步骤流程与方法见下表。

前期准备		
操作步骤	操作示意图	说明
1. 着装准备		着装整洁干净的工作服，不能穿有拉链和明扣的衣服，不允许佩戴手表、手链和金属挂件等，以免刮伤车漆
2. 设备、工具及材料准备		封釉海绵盘、无纺布、抛光机、封釉机、格耐釉、合成鹿皮、牙刷、毛巾
安全检查		
操作步骤	操作示意图	说明
检查驻车制动器，车窗关闭		操作前的安全措施
实施封釉		
操作步骤	操作示意图	说明
1. 检查车辆		检查车辆是否有划痕、损伤、严重污渍

（续）

实施封釉		
操作步骤	操作示意图	说　明
2. 清洗车身	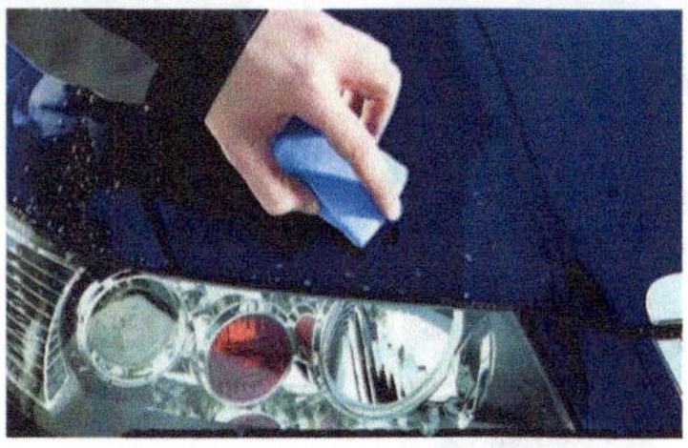	封釉前准备工作，泡沫洗车，黏土擦拭
3. 贴纸胶带		用纸胶带（美纹纸）把车身上所有的橡胶部件以及诸如车标、字母等都粘贴起来。如果有塑料护板，也一定要用报纸等把护板挡起来，以防把釉弄上去，难清理
4. 打磨		仔细观察车漆表面，对较明显的划痕用2000号水砂纸边喷水，边轻轻打磨直至划痕消失，呈亚光
5. 抛光		将研磨釉摇匀，然后在水砂打磨处，倒适量格耐研磨釉。再将高速抛光机调至4000r/min以上，配以抛光羊毛球（或兔毛球），进行抛光打磨，直至光亮，呈镜面效果
6. 二次打磨		以 $30cm^2$ 为单位面积，倒适量格耐研磨釉，先局部，后全车，再用高速抛光机和羊毛球（或兔毛球）细致打磨一遍

（续）

实施封釉		
操作步骤	操作示意图	说明
7. 三次打磨		羊毛球抛光完毕后，再将抛光机换成海绵球，如上方式再将全车打磨一遍，以去掉残留的圈痕
8. 渗釉	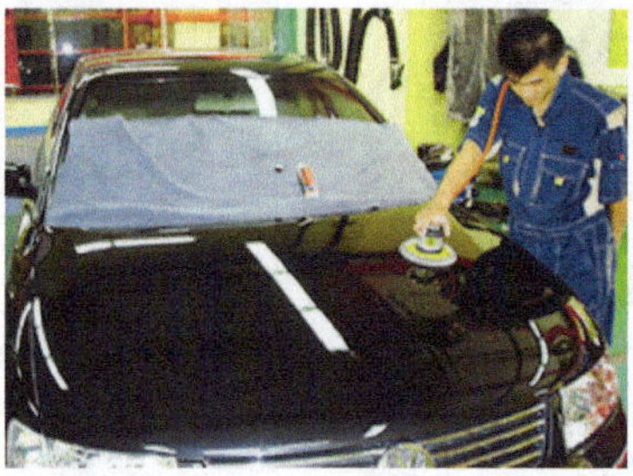	1）将格耐釉摇晃均匀，然后倒置、挤压瓶身将釉液沿所需抛光表面的对角线依次挤倒于车表。该工序格耐釉用量为50～60mL/车。可参照以下直观标准：挤压釉液从瓶盖口缝中流出，沿所需抛光面（如发动机舱盖、车顶、车门等）的对角线长度走满 2）用配海绵的抛光机将打磨区域的车表釉液蘸涂，分区块边蘸涂釉液边以适度的压力打磨，抛光机转速在2000r/min以下。快速转动海绵走直线，且打磨宽度应该是第二道压上第一道宽度的1/2面积，以此打磨直至格耐釉在漆面消失并渗入漆中且显高度光泽
9. 封釉		渗釉5min后，即可开始用封釉机进行上釉： 1）将格耐釉摇晃均匀，然后倒置、挤压瓶身将釉液沿所需抛光表面的对角线依次挤倒于车表。该工序格耐釉用量为60～70mL/车。可参照以下直观标准：挤压釉液从瓶盖口缝中流出，沿所需抛光面（如发动机舱盖、车顶、车门等）的对角线长度走满 2）用封釉机将上釉区域的车表釉液蘸涂，然后轻轻下压，开机，均匀涂抹釉液于车表形成薄薄一层糊状物。封釉机应走直线，如先纵向涂抹，再横向重复涂抹一次（即井字形走向）上釉也应按车表面积逐块进行
10. 擦亮		封釉后视气温及湿度高低干燥约20min左右，当手摸上去已完全干燥时（未干透即擦干时会影响其质量），用软皮或干净的擦车巾擦去外表多余的产品使其干净

（续）

检查确认		
操 作 步 骤	操作示意图	说　　明
检查车辆		1）斜视45°角观察漆面，是否达到美容与保护的效果，还应该仔细观察是否有釉未擦净的情况 2）检查门边是否有未擦净的情况 3）检查车身所有缝隙是否有粉末未擦净
收拾现场		将施工工具整齐归放，施工车间进行彻底清洁

车辆交接		
操 作 步 骤	操作示意图	说　　明
车辆交接		将封好釉的车辆交给顾客

注意事项

1）凡未彻底去蜡去污、室外操作、热车施工、釉液用量不足、抛光不达要求、格耐釉与抛光剂残留物在海绵中或车表上混合、抛光机转速过高过低、渗釉时涂釉面积过大、封釉未干透即擦亮、上釉后违反养护要求等违规操作，最终均会导致封釉效果不足及寿命减少。

2）上釉完毕后，4h内不要沾水，7～14天不要洗车、擦拭，以确保本产品彻底固化、干透，达到坚硬耐磨的效果。

3）使用时避免接触皮肤，保持空气流通，远离儿童和高温、易燃和易爆处。

4）洗车应拒用劣质皂液，擦车勿使用蜡拖把。如果每次洗车后，用格耐超级水晶养护液再轻轻擦拭一遍，养成良好的养车习惯，格耐封釉效果最少保持一年，最长可达两年。

5）如遇酸雨、沥青、盐分、鸟粪、酸液、可乐、蛋液、虫胶和树汁等污染物，24h内最宜清除。

评价反馈

考核项目		评分标准	学生自评	小组互评	教师评价	小计
知识目标	汽车漆面封釉的作用	能完整叙述				
	汽车釉的种类与选用方法	能完整叙述				
	汽车漆面封釉所需的工具与设备	能完整叙述				
技能目标	汽车漆面封釉的操作方法	会操作				
素质目标	安全、规范操作	做到做好				
	操作步骤、流程正确完整	正确熟练				
	团队合作	是否和谐				
	现场 6S	是否做到				
总评						

任务四 汽车漆面的镀膜

学习目标

知识目标	1. 能够表述汽车漆面镀膜的作用； 2. 能够表述汽车镀膜的种类与选用方法； 3. 能够表述漆面镀膜所需的工具与设备使用方法。
技能目标	掌握漆面镀膜的操作方法。

任务描述

某品牌汽车使用了两年，车主觉得打蜡、封釉都不能满足需要，想对车漆进行更坚固的保护，获得更持久的崭新度，通过本任务的学习，学会汽车漆面的镀膜。

知识准备

一、镀膜的定义

汽车镀膜的定义，从专业的角度来分析，为了和封釉有所区别，真正的汽车镀膜应该是无机镀膜，也就是永远不会氧化的水晶玻璃镀膜。只有无机镀膜，才是覆盖在汽车表面的镀膜层，不会被紫外线、酸雨等外界因素氧化而消失掉，车辆正常使用情况下单次镀膜保护车漆长达一年左右，所以才能称为汽车镀膜。

二、镀膜的作用

1）汽车镀膜具有抗氧化、防老化的作用，施工后在车漆表面形成坚硬的无机（二氧化硅玻璃晶体）镀膜层，与车漆紧密结合，提高漆面硬度和平滑度，将漆面与空气完全隔绝，并且无外力因素永不脱落。

2）能够大大地提高车漆表面清漆的光泽度，使车漆看上去更加鲜艳、光彩夺目。

3）耐腐蚀。坚硬的非有机（玻璃晶体）膜层自身不会氧化的同时也防止外界的酸雨、飞虫和鸟粪等对车漆腐蚀致密的玻璃晶体膜具有超强的耐蚀性，镀膜能有效防止酸雨等腐蚀性物质对车漆造成的损害，同时防止车漆的褪色。

4）耐高温。玻璃晶体本身具有耐高温的特质，能有效反射阳光，将外部的热辐射进行有效反射，防止高温对车漆的伤害。

5）防划痕。坚硬的非有机（玻璃晶体）膜层可以将车体表面的硬度提高到7H，远高于车蜡或釉2H～4H的硬度，能更好地保护车漆不受沙砾的伤害。

6）易清洗。电离子镀膜具有超强的自洁性和拨水性，不易黏附灰尘、污渍，清洗时只用清水即可达到清洗的效果，使车辆保持高清洁度和光泽度。

7）超持久。强大的韧性和延伸性，通常保护车漆表面亮度，形成镜面效果两年以上，远远超过打蜡和封釉。

8）超环保。使用水溶环保材料，自身不氧化，更不会对车漆造成二次污染，而传统的打蜡封釉项目对车漆容易造成二次污染。

9. 超强的拨水性。坚硬的非有机（玻璃晶体）膜层表面氟素处理后具有超强的拨水性，使水落在车体的瞬间收缩成水珠滑落，有效地防止水垢的形成。

三、镀膜与打蜡、封釉的区别

封釉与打蜡的养护理念是将“釉”或“蜡”加压封入车漆的空隙中，与车漆结合到一起。优点是与车漆融为一体，增亮效果明显。由于它们自身的易氧化性，会连带漆面共同氧化。导致漆面发污，失去光泽。为了避免这个缺陷，镀膜采用和漆面的化合键结合：以透明的“膜”的形式附着在漆面，避免漆面受外界损伤。同时也避免了保护剂本身对车漆的影响，长期保持车漆的原厂色泽。由于膜层本身结构的紧密，很难破坏，使它可以大幅度降低外力对漆面的损伤。

镀膜、打蜡、封釉优缺点对比见下表。

	优　点	缺　点
镀膜	镀膜与打蜡具有同样的效果，而且可以实现多层膜叠加，正常情况下一层膜可以维持一个月。膜的材料本身是一种无机物，对车漆没有损害 使用后，在漆面表面形成一层约2μm的保护膜，起到抗紫外线、抗工业落尘的作用，同时光泽度、硬度也大幅提高	如有划伤，再喷漆时会有明显色差，镀膜的光亮度不如封釉
打蜡	1）防水作用 2）抗高温作用 3）上光作用 4）防静电作用	1）蜡的成分主要是石油，对漆面也有一定损伤。尤其在打蜡后未清理干净时；而且高温状态，蜡化了会加剧灰尘的吸附 2）对于新车，正常车辆储存一般情况下也是露天储存，也会有漆面损害。但出厂会有一层蜡，所以建议新车3～6个月打蜡即可 3）车蜡中基本都会含有一定量的研磨剂，过于频繁的打蜡，对漆面也会有损害

（续）

	优　点	缺　点
封釉	1）经过多道工序处理以后，在车漆面形成一层类似“唐三彩”等陶器制品外表涂层的保护膜，具有隔紫外线、防氧化、抵御高温和酸雨的功能 2）具有抗高温、密封、抗氧化、增光、耐水洗、抗腐蚀等特点 3）为以后的汽车美容、烤漆、翻新奠定了基础	1）由于釉的侵蚀性，经过汽车封釉处理后的汽车，不能改为打蜡或者其他方式进行漆面，只能继续进行封釉处理 2）过于频繁封釉，容易损害车漆

四、汽车镀膜的分类

1. 树脂类镀膜

树脂类镀膜的特点是成膜性好，附着力强，价格便宜而被广泛应用，但其硬度与光泽度不好，同时抗氧化性能、耐蚀性及耐候性都很差，因此逐渐被淘汰。

2. 氟素类镀膜

氟素类镀膜的特点是成膜性好，耐蚀性、耐候性、耐磨损的性能都非常优越。但其最大的缺点是附着力差，几乎所有物质都不与特氟龙涂膜黏合。因其无法与漆面长期附和，所以使它的保护时间就变得非常短。

3. 玻璃纤维素镀膜

玻璃纤维素是一种化学高分子材料，因为其具有高密度的化学特性，所以被应用在汽车美容领域。此类产品的主要成分是聚硅氧烷，成膜后会形成 SiO_2 俗称的玻璃，因此也叫作玻璃质的镀膜。玻璃纤维素镀膜具有光泽度高、抗氧化、耐酸碱和抗紫外线的特点，用来给漆面镀膜后，漆面光泽度很好，并把漆面与外界隔绝，起到了较好的保护作用。其缺点是，不能提高漆面硬度，不能抵御物理性损伤漆面。原材料成本高昂，同时施工工艺相对复杂。玻璃纤维素镀膜如图3-11所示。

4. 无机纳米镀膜

无机纳米镀膜是近几年出现的镀膜新材料，它采用进口原料和先进的纳米交联反应新技术，由纳米无机材料配制而成，纳米材料独有的特性能给车漆提供完美的保护。它的主要成分为纳米氧化铝、纳米氧化硅；纳米级别的粒子为球形，润滑性极高，因此施工后漆面手感极其润滑。而氧化铝、氧化硅是天然宝石、水晶的主要成分，因此膜层的硬度、耐磨性极高，而且本身非常稳定，长期不氧化，能长效保持漆面的镜面效果，因此也称为“液体水晶”。该镀膜最大的特点就是，不但能隔绝漆面与外界的直接接触，起到防氧化、防水、防高温、防紫外线、防静电和防酸碱等基本的作用，还能大大提升漆面的硬度和光泽度，这是其他的汽车镀膜所欠缺的功能。无机纳米镀膜如图3-12所示。

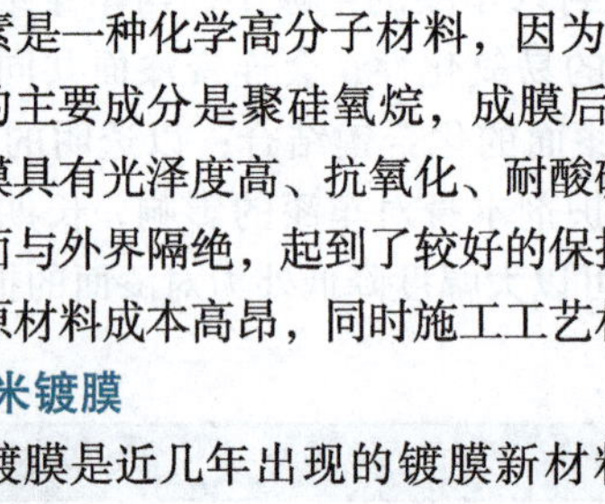

图3-11　玻璃纤维素镀膜

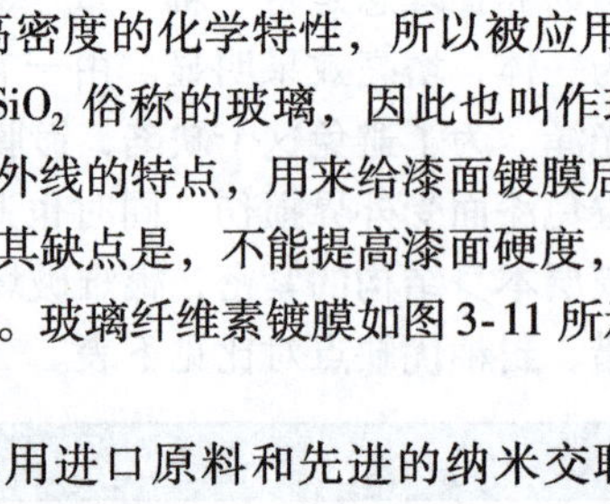

图3-12　无机纳米镀膜

当然，提高漆面硬度并不能让漆面刀枪不入，而是在正常的使用中，诸如洗车、行进的时候，有效地防止坚硬的沙粒对漆面的划伤，有效减少漆面螺旋纹（又称为太阳纹）等，使车漆持久如新。

五、镀膜前的准备工作

1. 车身清洗

新车需彻底清除车身防护蜡或纸胶带至完全洁净；如是打过蜡的旧车，也需以开蜡水及中性洗车液清除干净，否则会严重影响镀膜效果。

2. 车身冷却

刚熄火的车需通过洗车、打开发动机舱盖等方式使车表（尤其发动机舱盖部分）温度降至室温，方可开始操作。温度过热将严重影响镀膜的质量。在夏日高温下更需注意。

3. 抛光处理

对购车超过一个月以上的车身，需观察其车漆表面的氧化、褪色、污损、磨损和划伤程度，视情形予以不同程度的抛光处理直至去除氧化层、污损、网纹及一般划痕，并达光亮。

4. 无尘操作

镀膜必须在室内操作，以免灰尘重新积在车表，再次划伤车漆。

5. 工具准备

应使用转速4500r/min的抛光机，配以相应的羊毛球、海绵球。凡施工超炫镀膜的海绵球、羊毛球、镀膜喷枪等均不可用于其他产品的施工，以防止不同产品混合影响质量。

任务实施

一、汽车漆面镀膜法的操作步骤流程与方法

汽车漆面镀膜法的操作步骤流程与方法见下表。

前期准备		
操作步骤	操作示意图	说明
1. 着装准备		着装整洁干净的工作服，不能穿有拉链和明扣的衣服，不允许佩戴手表、手链和金属挂件等，以免刮伤车漆
2. 设备、工具及材料准备	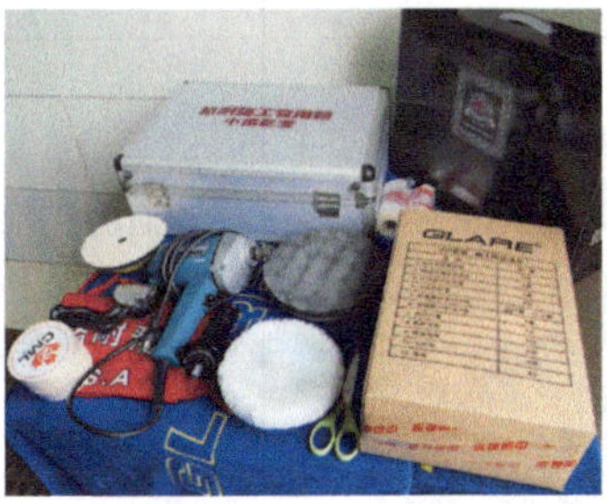	海绵盘、海绵球、无纺布、抛光机、封釉机、GLARING镜面研磨釉、合成鹿皮、毛刷、毛巾

（续）

安全检查		
操作步骤	操作示意图	说明
检查驻车制动器是否拉起，车窗关闭	 	操作前的安全措施

实施安装		
操作步骤	操作示意图	说明
1. 检查车辆		检查车辆是否有划痕、损伤和严重污渍
2. 普通洗车		1）冲洗车 2）打泡沫 3）擦泡沫 4）冲泡沫
3. 洗车泥洗车		湿润洗车泥，用湿毛巾衬垫，在车漆表面湿润的情况下按板块，均匀用力纵横交错，不遗漏地对车漆表面进行擦洗

（续）

实施安装		
操作步骤	操作示意图	说　明
4. 贴纸胶带		将车门边条、饰条及标牌等部分用纸胶带封贴保护起来，以免抛光时损伤
5. 研磨		仔细观察车漆表面，对较明显划痕先用2000号水砂纸边喷水，边轻轻打磨直至划痕消失，呈亚光
6. 研磨抛光		如是旧车，将GLARING镜面研磨釉（灰色）摇匀，然后在水砂打磨处，倒适量研磨釉。再将高速抛光机调至4500r/min，配以抛光羊毛球（或兔毛球）进行抛光打磨，直至光亮，呈镜面效果
7. 进一步抛光		羊毛球抛光完毕后，再换上波浪海绵球，（如是两个月内新车可省去第8步骤），用格耐研磨釉再将全车轻轻打磨一遍，如此分步骤抛光完毕后可消除划痕并使车身增艳光亮，产生高度的镜面效果。进一步确保镀膜的质量效果
8. 镜面还原		1）将GLARING超级炫耀还原剂摇匀，挤倒于车表。该工序还原剂用量约为60mL/车 2）用配海绵的抛光机将打磨区域的还原剂蘸涂，分区块边蘸涂本剂边以适度的压力打磨至镜面程度，抛光机转速在3500～4500r/min范围内

（续）

实施安装		
操作步骤	操作示意图	说明
9. 漆面除脂		用干净湿毛巾轻轻地将漆面、门边、缝隙粉尘彻底擦净
10. 车间降尘		漆面擦净后对施工的车间进行降尘，去除空气里漂浮的粉尘，防止影响镀膜质量
11. 漆面镀膜		漆面擦净后，即可开始用专用气动镀膜喷枪进行喷镀，将镀膜剂摇晃均匀，然后倒20～30mL到喷枪的液斗中，开动压缩空气，将膜液以雾化状态均匀喷涂于漆面，每辆车总用量为50～60mL
12. 漆面擦亮		喷镀后干燥约15～20min，用柔软干净的软布擦亮

检查确认		
操作步骤	操作示意图	说明
1. 检查车辆		将镀膜后的车辆外表面全部检查，确认没有遗漏。斜视45°角观察漆面，是否达到美容与保护的效果，还应该仔细观察是否有釉未擦净的情况。检查门边和所有缝隙是否有未擦净的情况

（续）

检查确认		
操作步骤	操作示意图	说　明
2. 收拾现场		将施工工具整齐归放，施工车间进行彻底清洁
车辆交接		
操作步骤	操作示意图	说　明
车辆交接		将镀膜好的车辆交给顾客，交代注意事项： 1）2h 内不要沾水，7 天内不要洗车 2）若 7 天内下雨，则雨过天晴后用清水冲洗一下即可

二、养护

GLARING 超级炫耀镀膜完成后，虽然膜衣已牢牢渗透依附于漆层，并能维持长期对车漆的有效保护。但由于洗车、日常保养的不当，膜衣仍然会被污迹、氧化物等覆盖，一般洗车无法清除，从而渐渐减弱了镀膜后的光亮效果。

因此，对镀完膜的车，还需要在 6 个月后再养护一次。再次喷镀前只需以超炫研磨还原剂轻抛一遍或黏土擦拭车身后即可。

镀膜的注意事项

1）凡未彻底去蜡去污、室外操作、热车施工、膜液用量不足、抛光不达要求、GLARING 与蜡制抛光剂残留物在海绵中或车表上混合、抛光机转速过高过低、未干透即擦亮、镀膜后违反养护要求等违规操作，最终均会导致镀膜效果不足及寿命减少。

2）镀膜完毕后，2h 内忌清洗，勿沾水。以确保本产品反应过程中不接触清洁剂，影响反应成膜，达到坚硬耐磨持久的效果。

3）使用时避免接触皮肤，保持空气流通，远离儿童和高温、易燃、易爆处。

评价反馈

考核项目		评分标准	学生自评	小组互评	教师评价	小计
知识目标	汽车漆面镀膜的作用	能完整叙述				
	汽车镀膜的种类与选用方法	能完整叙述				
	漆面镀膜所需的工具与设备使用方法	能完整叙述				
技能目标	漆面镀膜的操作方法	会操作				
素质目标	安全、规范操作	做到做好				
	操作步骤、流程正确完整	正确熟练				
	团队合作	是否和谐				
	现场6S	是否做到				
总评						

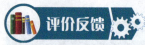

汽车美容与装饰

一体化工作页

第 2 版

班级____________________

姓名____________________

学号____________________

目　录

项目一　汽车清洗耗材及工具的认识

任务一　汽车清洗知识的认识

任务名称	汽车清洗知识的认识		
班　级		姓　名	
地　点		日　期	
第____小组成员			

一、收集信息

[引导问题]

1. 汽车需要进行清洗的原因：____。

2. 汽车清洗的特点：______________、______________和______________。

3. 汽车清洗的作用：____。

[查阅资料]

1. 说说汽车清洗时常见的用品。

2. 企业 6S 管理的内容是什么？

二、计划组织

小组组别	
设备工具	车外三件套、毛巾、____
组织安排	一组三人：A 同学认识汽车清洗用品，B 同学练习汽车清洗用品的使用，C 同学协调与记录。各任务间轮换角色
准备工作	检查安全环保措施、熟悉布置工作场景

三、任务实施

作业内容	质量要求	完成情况
认识现代美容洗车与传统洗车目的的差别		□完成　□未完成
认识现代美容洗车与传统洗车材料的差别		□完成　□未完成
认识现代美容洗车与传统洗车技术的差别		□完成　□未完成
认识现代美容洗车与传统洗车对环境影响的差别		□完成　□未完成
认识现代美容洗车清洗种类		□完成　□未完成
认识现代美容洗车的清洗时机		□完成　□未完成

四、评价反思

班级：　　　　　　　　组别：　　　　　　　　姓名：

考核项目		评分标准	学生自评	小组互评	教师评价	小计
知识目标	汽车清洗的基本内容	能完整叙述				
	汽车清洗时常见的用品	能完整叙述				
	汽车清洗的作用	能完整叙述				
	汽车外部清洗的相关知识	能简单叙述				
技能目标	汽车清洗时常见用品的使用	会操作				
	汽车清洗的操作方法	会操作				
素质目标	安全、规范操作	做到做好				
	操作步骤、流程正确完整	正确熟练				
	团队合作	是否和谐				
	现场6S	是否做到				
总　评						

任务二　汽车清洗工具与设备的认识

任务名称	汽车清洗工具与设备的认识		
班　级		姓　名	
地　点		日　期	
第____小组成员			

一、收集信息

［引导问题］

1. 汽车清洗常用的工具种类：____。

2. 汽车清洗常用的设备种类：____。

［查阅资料］

汽车清洗的常用工具与设备的基本使用方法。

二、计划组织

小组组别	
设备工具	车外三件套、毛巾、______________________________
组织安排	一组三人：A 同学认识汽车清洗的工具与设备，B 同学练习汽车清洗工具与设备的使用，C 同学协调与记录。各任务间轮换角色
准备工作	检查安全环保措施、熟悉布置工作场景

三、任务实施

作业内容		质量要求	完成情况
认识汽车清洗的常用工具	鹿皮		□完成　□未完成
	海绵		□完成　□未完成
	手套		□完成　□未完成
	毛巾		□完成　□未完成
	硬毛刷		□完成　□未完成
	软毛刷		□完成　□未完成

（续）

作业内容		质量要求	完成情况
认识汽车清洗的常用设备	吹尘枪		□完成　□未完成
	高压清洗机		□完成　□未完成
	泡沫清洗机		□完成　□未完成
	脱水机		□完成　□未完成
	打气泵		□完成　□未完成
	吸尘器		□完成　□未完成
	自动洗车机		□完成　□未完成
车辆交接			□完成　□未完成

四、评价反思

班级：　　　　　　　　组别：　　　　　　　　姓名：

考核项目		评分标准	学生自评	小组互评	教师评价	小计
知识目标	汽车清洗常用工具的种类	能完整叙述				
	汽车清洗常用设备的使用方法	能完整叙述				
技能目标	汽车清洗常用工具与设备的基本使用方法	会操作				
素质目标	安全、规范操作	做到做好				
	操作步骤、流程正确完整	正确熟练				
	团队合作	是否和谐				
	现场6S	是否做到				
总　评						

任务三　汽车清洗用品的认识

任务名称	汽车清洗用品的认识		
班　级		姓　名	
地　点		日　期	
第____小组成员			

一、收集信息

[引导问题]

1. 汽车车身清洗用品究竟有哪些作用呢？____。

2. 汽车常用清洗剂的基本分类：____。

3. 汽车清洗用品如何选择？____。

[查阅资料]

汽车车身清洗用品的 pH 值对汽车车身有什么影响？

二、计划组织

小组组别	
设备工具	车外三件套、毛巾、____
组织安排	一组三人：A 同学认识汽车清洗用品的种类和基本特点，B 同学认识汽车清洗用品的选择和基本使用方法，C 同学协调与记录。各任务间轮换角色
准备工作	检查安全环保措施、熟悉布置工作场景

三、任务实施

作业内容		质量要求	完成情况
了解汽车清洗用品	不脱蜡洗车液		□完成 □未完成
	增光洗车液		□完成 □未完成
	脱蜡洗车液		□完成 □未完成
	轮毂清洗剂		□完成 □未完成
	轮胎强力清洗剂		□完成 □未完成
	玻璃清洁剂		□完成 □未完成
	柏油清洁剂		□完成 □未完成
	轮胎光亮剂		□完成 □未完成
车辆交接			□完成 □未完成

四、评价反思

班级：　　　　　　组别：　　　　　　姓名：

考核项目		评分标准	学生自评	小组互评	教师评价	小计
知识目标	汽车清洗用品的种类	能完整叙述				
	汽车清洗用品的基本特点	能完整叙述				
	汽车清洗用品的选择和基本使用方法	能完整叙述				
技能目标	汽车清洗用品的选择和基本使用方法	会操作				
素质目标	安全、规范操作	做到做好				
	操作步骤、流程正确完整	正确熟练				
	团队合作	是否和谐				
	现场6S	是否做到				
总　评						

任务四　汽车美容安全预防措施

任务名称	汽车美容安全预防措施		
班　级		姓　名	
地　点		日　期	
第____小组成员			

一、收集信息

[引导问题]

1. 清洗、护理作业安全操作的意义：____。

2. 修补涂装作业安全操作的意义：____。

3. 汽车美容作业时如何防火？____。

4. 汽车美容作业时有哪些防护工具？____。

[查阅资料]

汽车美容产品对人体健康有什么影响？

二、计划组织

小组组别	
设备工具	汽车美容设备、美容产品、____
组织安排	一组三人：A 同学认识汽车美容安全措施和预防方法，B 同学认识汽车美容设备、美容产品，C 同学协调与记录。各任务间轮换角色
准备工作	检查安全环保措施、熟悉布置工作场景

三、任务实施

作业内容		质量要求	完成情况
了解汽车美容安全措施和预防方法	汽车美容安全事项		□完成 □未完成
	汽车喷涂安全事项		□完成 □未完成
	设备操作安全事项		□完成 □未完成
	防火措施		□完成 □未完成
	防电措施		□完成 □未完成
	防毒措施		□完成 □未完成

四、评价反思

班级： 组别： 姓名：

考核项目		评分标准	学生自评	小组互评	教师评价	小计
知识目标	汽车美容安全操作事项	能完整叙述				
	汽车美容设备安全操作事项	能完整叙述				
技能目标	汽车美容安全操作	会操作				
	汽车美容安全预防方法	会操作				
素质目标	安全、规范操作	做到做好				
	操作步骤、流程正确完整	正确熟练				
	团队合作	是否和谐				
	现场6S	是否做到				
总评						

项目二　汽车的清洗

任务一　汽车外部的清洗

任务名称	汽车外部的清洗		
班　级		姓　名	
地　点		日　期	
第____小组成员			

一、收集信息

[引导问题]

1. 汽车外部清洗的作用：____。

2. 汽车车身表面污垢的类型：____。

3. 汽车清洗的种类：____。

4. 汽车清洗时机如何选择？____。

[查阅资料]

简述汽车外部清洗设备安全操作流程。

二、计划组织

小组组别	
设备工具	车外三件套、毛巾、____
组织安排	一组三人：A 同学认识汽车外部清洗的正确方法，B 同学练习汽车外部清洁用品和设备的使用，C 同学协调与记录。各任务间轮换角色
准备工作	检查安全环保措施、熟悉布置工作场景

三、任务实施

1. 用高压清洗机清洗汽车外部

作业内容		质量要求	完成情况
了解汽车清洗用品和设备及其使用方法			□完成 □未完成
用高压清洗机清洗汽车外部——前期准备	着装准备		□完成 □未完成
	设备、工具及材料准备		□完成 □未完成
用高压清洗机清洗汽车外部——安全检查	检查车轮挡块和驻车制动器		□完成 □未完成
用高压清洗机清洗汽车外部——实施清洁	去除发动机舱杂物及灰尘		□完成 □未完成
	喷洒泥沙松动剂		□完成 □未完成
	冲洗车身		□完成 □未完成
	喷洒泡沫		□完成 □未完成
	擦洗车身		□完成 □未完成
	清洁车身缝隙及标志		□完成 □未完成
	清洁轮胎		□完成 □未完成
	冲净车身泡沫		□完成 □未完成
	喷洒蜡水		□完成 □未完成
	擦净车身上的水		□完成 □未完成
	将门边、缝隙、标志吹干		□完成 □未完成
用高压清洗机清洗汽车外部——检查确认	检查车辆		□完成 □未完成
车辆交接			□完成 □未完成

2. 用全自动洗车机洗车

作业内容		质量要求	完成情况
了解汽车清洗用品和设备及其使用方法			□完成 □未完成
全自动洗车机洗车——前期准备	着装准备		□完成 □未完成
	设备、工具及材料准备		□完成 □未完成

（续）

作业内容		质量要求	完成情况
全自动洗车机洗车 ——安全检查	检查车轮挡块和驻车制动器		□完成　□未完成
全自动洗车机洗车 ——实施清洁	接通洗车机电源		□完成　□未完成
	指挥车辆进入洗车轨道，待车轮轮胎落入输送机拖车后，提示车主注意		□完成　□未完成
	导入轨道		□完成　□未完成
	坚守岗位		□完成　□未完成
全自动洗车机洗车 ——检查确认	检查车辆		□完成　□未完成
车辆交接			□完成　□未完成

四、评价反思

班级：　　　　　　　组别：　　　　　　　姓名：

考核项目		评分标准	学生自评	小组互评	教师评价	小计
知识目标	汽车外部清洗的正确方法	能完整叙述				
	汽车清洗时常见的清洗用品和设备	能完整叙述				
	汽车外部清洗的正确工艺流程	能完整叙述				
	汽车外部清洗的注意事项	能完整叙述				
技能目标	汽车的内部、外部清洗操作	会操作				
	汽车外部清洗设备和工具等用品的使用及保养方法	会操作				
素质目标	安全、规范操作	做到做好				
	操作步骤、流程正确完整	正确熟练				
	团队合作	是否和谐				
	现场6S	是否做到				
总　评						

任务二　发动机舱和行李舱的清洁

任务名称	发动机舱和行李舱的清洁		
班　级		姓　名	
地　点		日　期	
第____小组成员			

一、收集信息

[引导问题]

1. 对发动机舱和行李舱进行清洁的步骤是________、________、________、________和________。

2. 对发动机舱进行清洁需要的设备、工具及材料有________、________、________、________、________和________。

3. 对行李舱进行清洁需要的设备、工具及材料有________、________、________、________、________和________。

4. 实施清洁任务前，检查车轮挡块及驻车制动器是为了________________________。

[查阅资料]

为什么要对发动机舱和行李舱进行清洁？

二、计划组织

小组组别	
设备工具	车外三件套、毛巾、________________
组织安排	一组三人：A 同学认识发动机舱和行李舱清洁工具和材料，B 同学练习发动机舱和行李舱清洁工具和材料的使用，C 同学协调与记录。各任务间轮换角色
准备工作	检查安全环保措施、熟悉布置工作场景

三、任务实施

1. 对发动机舱的清洁护理

<table>
<tr><th colspan="2">作业内容</th><th>质量要求</th><th>完成情况</th></tr>
<tr><td colspan="2">了解发动机舱清洁工具和材料及其使用方法</td><td></td><td>□完成　□未完成</td></tr>
<tr><td rowspan="2">对发动机舱清洁护理——前期准备</td><td>着装准备</td><td></td><td>□完成　□未完成</td></tr>
<tr><td>设备、工具及材料准备</td><td></td><td>□完成　□未完成</td></tr>
<tr><td>对发动机舱清洁护理——安全检查</td><td>检查车轮挡块和驻车制动器</td><td></td><td>□完成　□未完成</td></tr>
<tr><td rowspan="9">对发动机舱清洁护理——实施清洁</td><td>施工保护</td><td></td><td>□完成　□未完成</td></tr>
<tr><td>发动机舱除尘</td><td></td><td>□完成　□未完成</td></tr>
<tr><td>处理重油污</td><td></td><td>□完成　□未完成</td></tr>
<tr><td>清洗发动机</td><td></td><td>□完成　□未完成</td></tr>
<tr><td>吹干处理</td><td></td><td>□完成　□未完成</td></tr>
<tr><td>清洁空气滤清器</td><td></td><td>□完成　□未完成</td></tr>
<tr><td>喷洒发动机保护液</td><td></td><td>□完成　□未完成</td></tr>
<tr><td>发动机舱外部清洁</td><td></td><td>□完成　□未完成</td></tr>
<tr><td>收拾现场</td><td></td><td>□完成　□未完成</td></tr>
<tr><td>对发动机舱清洁护理——检查确认</td><td>检查车辆</td><td></td><td>□完成　□未完成</td></tr>
<tr><td colspan="2">车辆交接</td><td></td><td>□完成　□未完成</td></tr>
</table>

2. 对行李舱的清洁护理

<table>
<tr><th colspan="2">作业内容</th><th>质量要求</th><th>完成情况</th></tr>
<tr><td colspan="2">了解行李舱清洁工具和材料及其使用方法</td><td></td><td>□完成　□未完成</td></tr>
<tr><td rowspan="2">对行李舱清洁护理——前期准备</td><td>着装准备</td><td></td><td>□完成　□未完成</td></tr>
<tr><td>设备、工具及材料准备</td><td></td><td>□完成　□未完成</td></tr>
<tr><td>对行李舱清洁护理——安全检查</td><td>检查车轮挡块和驻车制动器</td><td></td><td>□完成　□未完成</td></tr>
<tr><td rowspan="3">对行李舱清洁护理——实施清洁</td><td>清空行李舱</td><td></td><td>□完成　□未完成</td></tr>
<tr><td>除尘</td><td></td><td>□完成　□未完成</td></tr>
<tr><td>清洗内部</td><td></td><td>□完成　□未完成</td></tr>
</table>

（续）

作业内容		质量要求	完成情况
行李舱清洁护理——实施清洁	局部清洁		□完成 □未完成
	喷涂光亮剂		□完成 □未完成
	清洗密封条		□完成 □未完成
	喷洒消毒清新剂		□完成 □未完成
对行李舱清洁护理——检查确认	检查车辆		□完成 □未完成
车辆交接			□完成 □未完成

四、评价反思

班级：　　　　　　组别：　　　　　　　　姓名：

考核项目		评分标准	学生自评	小组互评	教师评价	小计
知识目标	发动机舱和行李舱清洁剂的种类及其功能	能完整叙述				
	发动机舱和行李舱清洗的方法及流程	能完整叙述				
	发动机舱和行李舱清洗设备的使用方法	能完整叙述				
技能目标	发动机舱和行李舱清洗设备的使用方法	会操作				
	使用发动机舱和行李舱常用工具和专用设备对汽车进行清洗清洁	会操作				
素质目标	安全、规范操作	做到做好				
	操作步骤、流程正确完整	正确熟练				
	团队合作	是否和谐				
	现场6S	是否做到				
总评						

任务三　汽车内室的吸尘和清洁

任务名称	汽车内室的吸尘和清洁		
班　级		姓　名	
地　点		日　期	
第____小组成员			

一、收集信息

[引导问题]

1. 汽车内室清洗的对象：____。

2. 汽车内室清洗的作用：____。

3. 汽车内室清洗的方法：____。

4. 汽车内室清洗常用的清洗工具和设备：____。

[查阅资料]

简述汽车内室清洗工具和设备的安全操作流程。

二、计划组织

小组组别	
设备工具	车外三件套、毛巾、________________________________
组织安排	一组三人：A同学认识汽车内室清洁工具和设备，B同学练习汽车内室清洁工具和设备的使用，C同学协调与记录。各任务间轮换角色
准备工作	检查安全环保措施、熟悉布置工作场景

三、任务实施

作业内容		质量要求	完成情况
了解汽车内室清洁工具和设备及其使用方法			□完成　□未完成
对汽车内室清洁及吸尘护理——前期准备	着装准备		□完成　□未完成
	设备、工具及材料准备		□完成　□未完成
对汽车内室清洁及吸尘护理——安全检查	检查车轮挡块和驻车制动器		□完成　□未完成
对汽车内室清洁及吸尘护理——实施清洁	整理杂物		□完成　□未完成
	除尘		□完成　□未完成
	清洁顶棚及其他内饰面		□完成　□未完成
	清洁仪表板		□完成　□未完成
	清洁座椅及立柱		□完成　□未完成
	清洁空调系统		□完成　□未完成
对汽车内室清洁及吸尘护理——检查确认	整理恢复		□完成　□未完成
车辆交接			□完成　□未完成

四、评价反思

班级：　　　　　　组别：　　　　　　姓名：

考核项目		评分标准	学生自评	小组互评	教师评价	小计
知识目标	常用清洗剂的种类及其功能	能完整叙述				
	汽车清洗方法及流程	能完整叙述				
技能目标	专用汽车清洗设备的使用方法	会操作				
	汽车清洗常用工具和专用设备对汽车进行清洗清洁	会操作				
素质目标	安全、规范操作	做到做好				
	操作步骤、流程正确完整	正确熟练				
	团队合作	是否和谐				
	现场6S	是否做到				
总　评						

任务四　汽车车厢内的臭氧杀毒除菌

任务名称	汽车车厢内的臭氧杀毒除菌		
班　级		姓　名	
地　点		日　期	
第____小组成员			

一、收集信息

[引导问题]

1. 汽车车厢内进行臭氧消毒的原理：____。

2. 汽车车厢内进行臭氧消毒的作用：____。

3. 汽车车厢内进行臭氧消毒的方法：____。

4. 汽车内室清洗常用的清洗工具和设备：____。

[查阅资料]

简述汽车车厢内进行臭氧消毒的安全操作流程。

二、计划组织

小组组别	
设备工具	车外三件套、毛巾、____
组织安排	一组三人：A 同学认识汽车车厢内进行臭氧消毒的工具和设备，B 同学练习汽车车厢内进行臭氧消毒的工具和设备的使用，C 同学协调与记录。各任务间轮换角色
准备工作	检查安全环保措施、熟悉布置工作场景

三、任务实施

作业内容		质量要求	完成情况
了解汽车车厢内进行臭氧消毒的工具和设备及其使用方法			□完成 □未完成
对汽车车厢内进行臭氧消毒的工具和设备——前期准备	着装准备		□完成 □未完成
	设备、工具及材料准备		□完成 □未完成
对汽车车厢内进行臭氧消毒的工具和设备——安全检查	检查车轮挡块和驻车制动器		□完成 □未完成
对汽车车厢内进行臭氧消毒的工具和设备——实施消毒	清洗汽车外表		□完成 □未完成
	清空内室		□完成 □未完成
	对汽车进行内室清洁		□完成 □未完成
	臭氧消毒		□完成 □未完成
	物品归位		□完成 □未完成
对汽车车厢内进行臭氧消毒的工具和设备——检查确认	整理恢复		□完成 □未完成
车辆交接			□完成 □未完成

四、评价反思

班级：　　　　　　　　组别：　　　　　　　　姓名：

考核项目		评分标准	学生自评	小组互评	教师评价	小计
知识目标	汽车车厢内臭氧消毒、除菌设备工具及用品分类	能完整叙述				
	汽车车厢内臭氧消毒、除菌的方法及流程	能完整叙述				
技能目标	掌握汽车车厢内臭氧消毒、除菌的操作方法	会操作				
素质目标	安全、规范操作	做到做好				
	操作步骤、流程正确完整	正确熟练				
	团队合作	是否和谐				
	现场6S	是否做到				
总评						

项目三　汽车漆面的护理

任务一　新车的开蜡

任务名称	新车的开蜡		
班　级		姓　名	
地　点		日　期	
第____小组成员			

一、收集信息

[引导问题]

1. 汽车封蜡的作用：____。

2. 新车封漆蜡和开蜡水的种类：____。

3. 新车开蜡的方法：____。

4. 新车开蜡的设备、工具和用品：____。

[查阅资料]

简述新车开蜡的安全操作流程及注意事项。

二、计划组织

小组组别	
设备工具	车外三件套、毛巾、________________________________
组织安排	一组三人：A 同学认识新车开蜡的设备、工具和用品，B 同学练习新车开蜡的方法和流程，C 同学协调与记录。各任务间轮换角色
准备工作	检查安全环保措施、熟悉布置工作场景

三、任务实施

作业内容		质量要求	完成情况
了解新车开蜡工具和设备及其使用方法			□完成　□未完成
对新车开蜡——前期准备	着装准备		□完成　□未完成
	设备、工具及材料准备		□完成　□未完成
对新车开蜡——安全检查	检查车轮挡块和驻车制动器		□完成　□未完成
对新车开蜡——实施开蜡	高压冲洗		□完成　□未完成
	喷洒开蜡水		□完成　□未完成
	擦拭		□完成　□未完成
	冲洗		□完成　□未完成
	擦干		□完成　□未完成
对新车开蜡——检查确认	检查车辆		□完成　□未完成
车辆交接			□完成　□未完成

四、评价反思

班级：　　　　　　　　组别：　　　　　　　　　　姓名：

考核项目		评分标准	学生自评	小组互评	教师评价	小计
知识目标	新车封漆蜡和开蜡水的作用及种类	能完整叙述				
	新车开蜡方法及流程	能完整叙述				
	新车开蜡的注意事项	能完整叙述				
技能目标	新车开蜡用的工具对汽车进行新车开蜡的操作方法	会操作				
素质目标	安全、规范操作	做到做好				
	操作步骤、流程正确完整	正确熟练				
	团队合作	是否和谐				
	现场6S	是否做到				
总　评						

任务二　汽车漆面的打蜡

任务名称	汽车漆面的打蜡		
班　级		姓　名	
地　点		日　期	
第____小组成员			

一、收集信息

[引导问题]

1. 汽车漆面打蜡的作用和原理：____

____。

2. 汽车蜡的种类和选用方法：____

____。

3. 汽车漆面打蜡的周期：____

____。

4. 汽车漆面打蜡的设备、工具和用品：____

____。

[查阅资料]

简述汽车漆面打蜡的安全操作流程。

二、计划组织

小组组别	
设备工具	车外三件套、毛巾、________________________________ ____
组织安排	一组三人：A 同学认识汽车漆面打蜡的设备、工具和用品，B 同学练习汽车漆面打蜡设备、工具和用品的使用，C 同学协调与记录。各任务间轮换角色
准备工作	检查安全环保措施、熟悉布置工作场景

三、任务实施

1. 用手工打蜡的操作步骤与方法

作业内容		质量要求	完成情况
了解汽车漆面打蜡的设备、工具和用品及其使用方法			□完成 □未完成
对汽车手工打蜡——前期准备	着装准备		□完成 □未完成
	设备、工具准备		□完成 □未完成
	材料准备		□完成 □未完成
对汽车手工打蜡——安全检查	拉起驻车制动器，关闭车窗		□完成 □未完成
	检查车辆		□完成 □未完成
对汽车手工打蜡——实施打蜡	清洗汽车		□完成 □未完成
	手工上蜡		□完成 □未完成
	晾干车蜡		□完成 □未完成
	手工抛蜡		□完成 □未完成
	清理		□完成 □未完成
对汽车手工打蜡——检查确认	检查车辆		□完成 □未完成
车辆交接			□完成 □未完成

2. 用机械打蜡的操作步骤与方法

作业内容		质量要求	完成情况
了解汽车漆面打蜡的设备、工具和用品及其使用方法			□完成 □未完成
对汽车机械打蜡——前期准备	着装准备		□完成 □未完成
	设备、工具准备		□完成 □未完成
	材料准备		□完成 □未完成
对汽车机械打蜡——安全检查	拉起驻车制动器，关闭车窗		□完成 □未完成
	检查车辆		□完成 □未完成
对汽车机械打蜡——实施打蜡	清洗汽车		□完成 □未完成
	遮蔽		□完成 □未完成
	上蜡		□完成 □未完成
	抛光		□完成 □未完成
	补漏		□完成 □未完成
	清理		□完成 □未完成

（续）

作业内容		质量要求	完成情况
对汽车机械打蜡 ——检查确认	检查车辆		□完成 □未完成
车辆交接			□完成 □未完成

四、评价反思

班级： 组别： 姓名：

考核项目		评分标准	学生自评	小组互评	教师评价	小计
知识目标	汽车漆面打蜡的作用	能完整叙述				
	汽车蜡的种类与选用方法	能完整叙述				
	打蜡所需的工具与设备的选用	能完整叙述				
技能目标	打蜡的操作方法	会操作				
素质目标	安全、规范操作	做到做好				
	操作步骤、流程正确完整	正确熟练				
	团队合作	是否和谐				
	现场 6S	是否做到				
总　评						

任务三　汽车漆面的封釉

任务名称	汽车漆面的封釉		
班　级		姓　名	
地　点		日　期	
第____小组成员			

一、收集信息

[引导问题]

1. 汽车漆面封釉的作用和原理：____。

2. 汽车釉的种类和选用方法：____。

3. 汽车漆面釉的周期：____。

4. 汽车漆面封釉的设备、工具和用品：____。

5. 汽车漆面封釉的步骤和前期准备：____
____。

[查阅资料]

简述汽车漆面封釉的安全操作流程。

二、计划组织

小组组别	
设备工具	车外三件套、毛巾、________________________________
组织安排	一组三人：A 同学认识汽车漆面封釉的设备、工具和用品，B 同学练习汽车漆面封釉设备、工具和用品的使用，C 同学协调与记录。各任务间轮换角色
准备工作	检查安全环保措施、熟悉布置工作场景

三、任务实施

<table>
<tr><th colspan="2">作业内容</th><th>质量要求</th><th>完成情况</th></tr>
<tr><td colspan="2">了解汽车漆面封釉的设备、工具和用品及其使用方法</td><td></td><td>□完成　□未完成</td></tr>
<tr><td rowspan="3">对汽车漆面封釉——前期准备</td><td>着装准备</td><td></td><td>□完成　□未完成</td></tr>
<tr><td>设备、工具准备</td><td></td><td>□完成　□未完成</td></tr>
<tr><td>材料准备</td><td></td><td>□完成　□未完成</td></tr>
<tr><td>对汽车漆面封釉——安全检查</td><td>拉起驻车制动器，关闭车窗</td><td></td><td>□完成　□未完成</td></tr>
<tr><td rowspan="10">对汽车漆面封釉——实施封釉</td><td>检查车辆</td><td></td><td>□完成　□未完成</td></tr>
<tr><td>清洗车身</td><td></td><td>□完成　□未完成</td></tr>
<tr><td>贴防护胶带</td><td></td><td>□完成　□未完成</td></tr>
<tr><td>打磨</td><td></td><td>□完成　□未完成</td></tr>
<tr><td>抛光</td><td></td><td>□完成　□未完成</td></tr>
<tr><td>二次打磨</td><td></td><td>□完成　□未完成</td></tr>
<tr><td>三次打磨</td><td></td><td>□完成　□未完成</td></tr>
<tr><td>渗釉</td><td></td><td>□完成　□未完成</td></tr>
<tr><td>封釉</td><td></td><td>□完成　□未完成</td></tr>
<tr><td>擦亮</td><td></td><td>□完成　□未完成</td></tr>
<tr><td rowspan="2">对汽车漆面封釉——检查确认</td><td>检查车辆</td><td></td><td>□完成　□未完成</td></tr>
<tr><td>收拾现场</td><td></td><td>□完成　□未完成</td></tr>
<tr><td colspan="2">车辆交接</td><td></td><td>□完成　□未完成</td></tr>
</table>

四、评价反思

班级：　　　　　　　　组别：　　　　　　　　姓名：

<table>
<tr><th colspan="2">考核项目</th><th>评分标准</th><th>学生自评</th><th>小组互评</th><th>教师评价</th><th>小计</th></tr>
<tr><td rowspan="3">知识目标</td><td>汽车漆面封釉的作用</td><td>能完整叙述</td><td></td><td></td><td></td><td></td></tr>
<tr><td>汽车釉的种类与选用方法</td><td>能完整叙述</td><td></td><td></td><td></td><td></td></tr>
<tr><td>汽车漆面封釉所需的工具与设备</td><td>能完整叙述</td><td></td><td></td><td></td><td></td></tr>
<tr><td>技能目标</td><td>汽车漆面封釉的操作方法</td><td>会操作</td><td></td><td></td><td></td><td></td></tr>
<tr><td rowspan="4">素质目标</td><td>安全、规范操作</td><td>做到做好</td><td></td><td></td><td></td><td></td></tr>
<tr><td>操作步骤、流程正确完整</td><td>正确熟练</td><td></td><td></td><td></td><td></td></tr>
<tr><td>团队合作</td><td>是否和谐</td><td></td><td></td><td></td><td></td></tr>
<tr><td>现场6S</td><td>是否做到</td><td></td><td></td><td></td><td></td></tr>
<tr><td colspan="2">总　评</td><td></td><td></td><td></td><td></td><td></td></tr>
</table>

任务四　汽车漆面的镀膜

任务名称	汽车漆面的镀膜		
班　级		姓　名	
地　点		日　期	
第____小组成员			

一、收集信息

[引导问题]

1. 什么是镀膜？____
____。
2. 镀膜的种类和选用方法：__________________________________
____。
3. 汽车漆面镀膜与打蜡、封釉的区别：________________________
____。
4. 汽车漆面镀膜的步骤和前期准备：__________________________
____。
5. 汽车漆面镀膜后如何养护？________________________________
____
____。

[查阅资料]

简述汽车漆面镀膜的安全操作流程。

二、计划组织

小组组别	
设备工具	车外三件套、毛巾、______________________________ ____
组织安排	一组三人：A 同学认识汽车漆面镀膜的设备、工具和用品，B 同学练习汽车漆面镀膜设备、工具和用品的使用，C 同学协调与记录。各任务间轮换角色
准备工作	检查安全环保措施、熟悉布置工作场景

三、任务实施

作业内容		质量要求	完成情况
了解汽车漆面镀膜的设备、工具和用品及其使用方法			□完成　□未完成
对汽车漆面镀膜——前期准备	着装准备		□完成　□未完成
	设备、工具及材料准备		□完成　□未完成
对汽车漆面镀膜——安全检查	拉起驻车制动器，关闭车窗		□完成　□未完成
对汽车漆面镀膜——实施安装	检查车辆		□完成　□未完成
	普通洗车		□完成　□未完成
	洗车泥洗车		□完成　□未完成
	贴防护胶带		□完成　□未完成
	研磨		□完成　□未完成
	研磨抛光		□完成　□未完成
	进一步抛光		□完成　□未完成
	镜面还原		□完成　□未完成
	漆面除脂		□完成　□未完成
	车间降尘		□完成　□未完成
	漆面镀膜		□完成　□未完成
	漆面擦亮		□完成　□未完成
对汽车漆面镀膜——检查确认	检查车辆		□完成　□未完成
	收拾现场		□完成　□未完成
车辆交接			□完成　□未完成

四、评价反思

班级：　　　　　　　组别：　　　　　　　姓名：

考核项目		评分标准	学生自评	小组互评	教师评价	小计
知识目标	汽车漆面镀膜的作用	能完整叙述				
	汽车漆面镀膜的种类与选用方法	能完整叙述				
	漆面镀膜所需的工具与设备使用方法	能完整叙述				
技能目标	漆面镀膜的操作方法	会操作				
素质目标	安全、规范操作	做到做好				
	操作步骤、流程正确完整	正确熟练				
	团队合作	是否和谐				
	现场6S	是否做到				
总　评						

项目四　漆面的修补

任务一　汽车车身修复喷涂常用涂料的认识

任务名称	汽车车身修复喷涂常用涂料的认识		
班　级		姓　名	
地　点		日　期	
第____小组成员			

一、收集信息

[引导问题]

1. 请写出下列车身修复所用到喷涂材料的名称。

____

____

____

____

2. 汽车车身修复所用喷涂材料的作用：____。

[查阅资料]

如何选用汽车车身修复所用喷涂材料?

二、计划组织

小组组别	
设备工具	车外三件套、毛巾、____________________
组织安排	一组三人：A 同学认识汽车车身修复喷涂常用涂料，B 同学练习汽车维修喷涂常用涂料的使用，C 同学协调与记录。各任务间轮换角色
准备工作	检查安全环保措施、熟悉布置工作场景

三、任务实施

作业内容		质量要求	完成情况
认识汽车车身修复喷涂常用涂料	环氧底漆		□完成　□未完成
	中涂底漆		□完成　□未完成
	面漆		□完成　□未完成
	清漆		□完成　□未完成
	稀释剂		□完成　□未完成
	固化剂		□完成　□未完成
	原子灰		□完成　□未完成

四、评价反思

班级：　　　　　　　组别：　　　　　　　姓名：

考核项目		评分标准	学生自评	小组互评	教师评价	小计
知识目标	各涂料的作用	能完整叙述				
	汽车车身修复喷涂常用涂料的种类	能完整叙述				
技能目标	正确使用各材料进行喷涂	会操作				
	各材料喷涂操作方法	会操作				
素质目标	安全、规范操作	做到做好				
	操作步骤、流程正确完整	正确熟练				
	团队合作	是否和谐				
	现场 6S	是否做到				
总　评						

任务二　喷涂施工的设备和工具的认识

任务名称	喷涂施工的设备和工具的认识		
班　级		姓　名	
地　点		日　期	
第____小组成员			

一、收集信息

[引导问题]

1. 请写出下列喷涂设备和工具的名称。

____

____

____

____

2. 汽车喷涂设备和工具的作用：____。

[查阅资料]

简述汽车喷涂的必要性。

二、计划组织

小组组别	
设备工具	车外三件套、毛巾、______________________________ ______________________________
组织安排	一组三人：A 同学认识喷涂施工的设备和工具，B 同学练习喷涂施工设备和工具的使用，C 同学协调与记录。各任务间轮换角色
准备工作	检查安全环保措施、熟悉布置工作场景

三、任务实施

作业内容		质量要求	完成情况
认识喷涂施工的设备和工具	空气压缩机		□完成　□未完成
	油水分离器		□完成　□未完成
	汽车喷漆烤漆房		□完成　□未完成
	喷枪		□完成　□未完成
	刮灰刀		□完成　□未完成
	打磨机		□完成　□未完成
	红外线烤灯		□完成　□未完成

四、评价反思

班级：　　　　　　　　组别：　　　　　　　　姓名：

考核项目		评分标准	学生自评	小组互评	教师评价	小计
知识目标	各设备、工具的作用	能完整叙述				
	汽车喷涂常用设备工具的种类	能完整叙述				
技能目标	正确使用各设备、工具	会操作				
	对设备进行维护	会操作				
素质目标	安全、规范操作	做到做好				
	操作步骤、流程正确完整	正确熟练				
	团队合作	是否和谐				
	现场 6S	是否做到				
总　评						

任务三　喷漆前的表面处理

任务名称	喷漆前的表面处理		
班　级		姓　名	
地　点		日　期	
第____小组成员			

一、收集信息

[引导问题]

1. 请写出下列汽车损伤的名称。

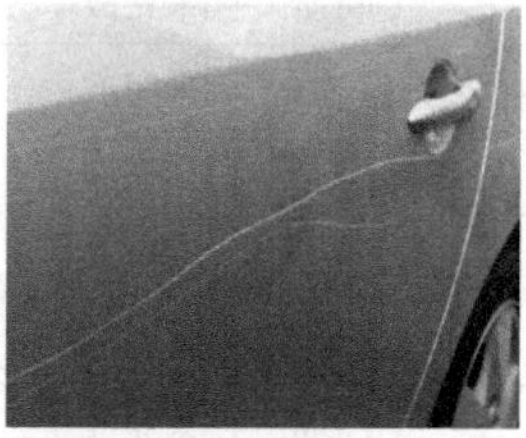
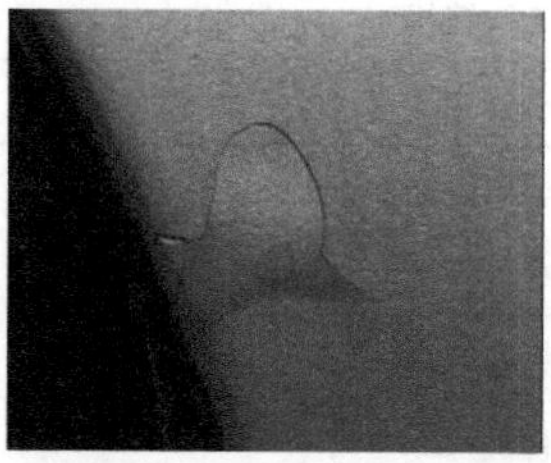

________________　　________________

________________　　________________

2. 汽车表面前处理的作用：____。

[查阅资料]

简述汽车表面前处理的操作流程。

二、计划组织

小组组别	
设备工具	车外三件套、毛巾、________________________
组织安排	一组三人：A同学了解汽车表面前处理的操作流程，B同学练习汽车表面前处理的操作流程，C同学协调与记录。各任务间轮换角色
准备工作	检查安全环保措施、熟悉布置工作场景

三、任务实施

作业内容		质量要求	完成情况
了解汽车表面前处理的操作流程			□完成 □未完成
对汽车表面前处理——前期准备	穿戴好劳保防护用品		□完成 □未完成
	设备、工具及材料准备		□完成 □未完成
对汽车表面前处理——安全检查	检查车轮挡块和驻车制动器		□完成 □未完成
	准备工作		□完成 □未完成
对汽车表面前处理——实施羽状边打磨	选择偏心距为6mm的打磨头		□完成 □未完成
	选择P80号干磨砂纸		□完成 □未完成
	起动打磨机		□完成 □未完成
	调整打磨头转速		□完成 □未完成
	将损伤区的旧漆膜去除		□完成 □未完成
	选择P150号砂纸进行打磨		□完成 □未完成
	检查打磨效果		□完成 □未完成
	选择P240号砂纸进行打磨		□完成 □未完成
	清洁工件		□完成 □未完成
对汽车表面前处理——检查确认	检查车辆		□完成 □未完成
	收拾现场		□完成 □未完成
车辆交接			□完成 □未完成

四、评价反思

班级： 组别： 姓名：

考核项目		评分标准	学生自评	小组互评	教师评价	小计
知识目标	了解常用材料的特点及前处理方法	能完整叙述				
	打磨砂纸的选用	能完整叙述				
技能目标	正确使用打磨工具进行打磨	会操作				
	羽状边打磨操作方法	会操作				
素质目标	安全、规范操作	做到做好				
	操作步骤、流程正确完整	正确熟练				
	团队合作	是否和谐				
	现场6S	是否做到				
总评						

任务四　原子灰的刮涂与打磨

任务名称	原子灰的刮涂与打磨		
班　级		姓　名	
地　点		日　期	
第____小组成员			

一、收集信息

[引导问题]

1. 请写出下列汽车修补材料和工具的名称。

____

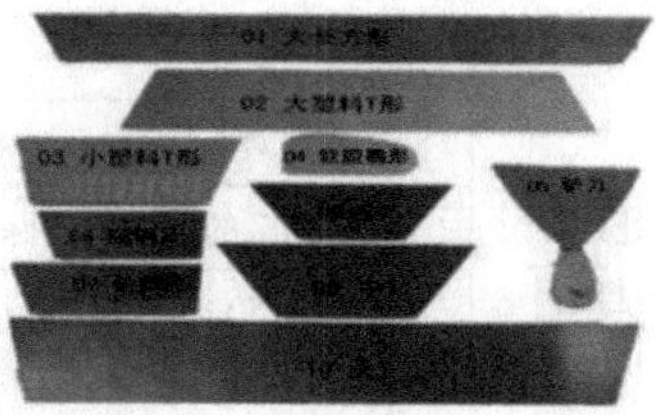

____

____

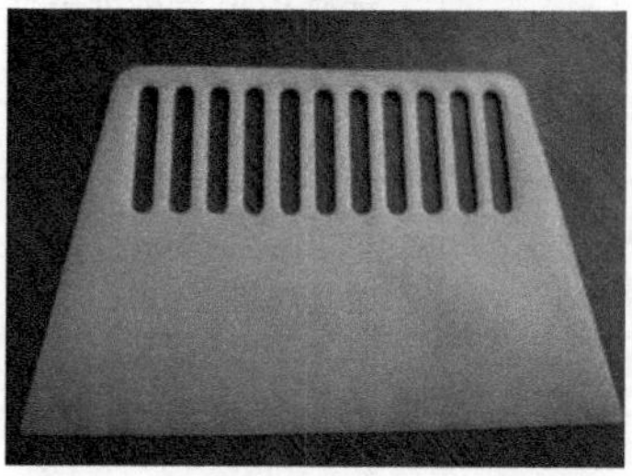

____

2. 用原子灰刮涂与打磨的作用：____

____。

[查阅资料]

简述汽车原子灰刮涂与打磨的操作流程。

二、计划组织

小组组别	
设备工具	车外三件套、毛巾、________________________
组织安排	一组三人：A 同学了解汽车原子灰刮涂与打磨的操作流程，B 同学练习汽车原子灰刮涂与打磨的操作流程，C 同学协调与记录。各任务间轮换角色
准备工作	检查安全环保措施、熟悉布置工作场景

三、任务实施

作业内容		质量要求	完成情况
了解原子灰刮涂与打磨的操作流程			□完成 □未完成
对原子灰的刮涂与打磨——前期准备	穿戴好劳保防护用品		□完成 □未完成
	设备、工具及材料准备		□完成 □未完成
对原子灰的刮涂与打磨——安全检查	检查车轮挡块和驻车制动器		□完成 □未完成
	准备工作		□完成 □未完成
对原子灰的刮涂与打磨——刮涂原子灰	将桶内原子灰调匀		□完成 □未完成
	按比例添加固化剂		□完成 □未完成
	调和原子灰		□完成 □未完成
	刮涂原子灰		□完成 □未完成
	第二遍刮涂原子灰		□完成 □未完成
	刮涂完毕，要清洗工具		□完成 □未完成
	干燥原子灰		□完成 □未完成
对原子灰的刮涂与打磨——打磨原子灰	穿戴好劳保防护用品		□完成 □未完成
	检查干燥程度		□完成 □未完成
	涂抹炭粉		□完成 □未完成
	粗磨原子灰		□完成 □未完成
	中粗磨原子灰		□完成 □未完成
	精磨原子灰		□完成 □未完成
	打磨飞边区域		□完成 □未完成
对原子灰的刮涂与打磨——检查确认	检查车辆		□完成 □未完成
	收拾现场		□完成 □未完成
车辆交接			□完成 □未完成

四、评价反思

班级：　　　　　　　　组别：　　　　　　　　姓名：

考核项目		评分标准	学生自评	小组互评	教师评价	小计
知识目标	明确原子灰的作用及汽车用原子灰的要求	能完整叙述				
	了解常用原子灰的种类与用途	能完整叙述				
技能目标	正确使用打磨工具进行打磨	会操作				
	熟悉原子灰打磨的方法、流程	会操作				
素质目标	安全、规范操作	做到做好				
	操作步骤、流程正确完整	正确熟练				
	团队合作	是否和谐				
	现场6S	是否做到				
总　评						

任务五　中涂底漆的喷涂与打磨

任务名称	中涂底漆的喷涂与打磨		
班　级		姓　名	
地　点		日　期	
第____小组成员			

一、收集信息

[引导问题]

1. 请写出下列汽车修补材料和工具的名称。

____

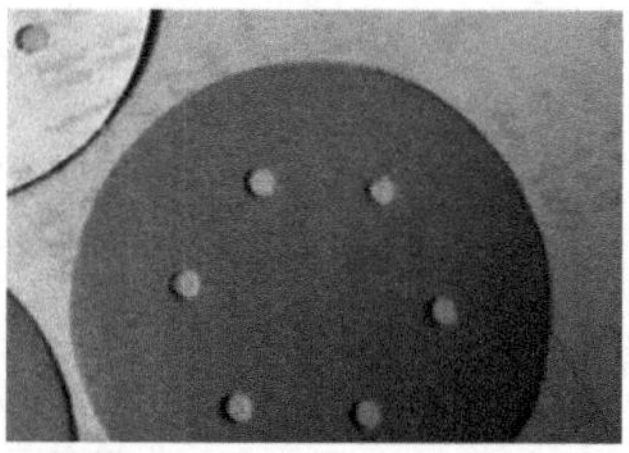

____

____

____

2. 中涂底漆喷涂与打磨的作用：____。

[查阅资料]

简述汽车中涂底漆喷涂与打磨的操作流程。

二、计划组织

小组组别	
设备工具	车外三件套、毛巾、____
组织安排	一组三人：A 同学了解汽车中涂底漆喷涂与打磨的操作流程，B 同学练习汽车中涂底漆喷涂与打磨的操作流程，C 同学协调与记录。各任务间轮换角色
准备工作	检查安全环保措施、熟悉布置工作场景

三、任务实施

作业内容		质量要求	完成情况
了解中涂底漆喷涂与打磨的操作流程			□完成 □未完成
对中涂底漆的喷涂与打磨——前期准备	穿戴好劳保防护用品		□完成 □未完成
	设备、工具及材料准备		□完成 □未完成
对中涂底漆的喷涂与打磨——安全检查	检查车轮挡块和驻车制动器		□完成 □未完成
对中涂底漆的喷涂与打磨——调配中涂底漆	调配中涂底漆		□完成 □未完成
	倒出适量的中涂底漆		□完成 □未完成
对中涂底漆的喷涂与打磨——喷涂中涂底漆	第一遍喷中涂底漆		□完成 □未完成
	第二遍喷中涂底漆		□完成 □未完成
	第三遍喷中涂底漆		□完成 □未完成
对中涂底漆的喷涂与打磨——打磨中涂底漆	涂抹炭粉		□完成 □未完成
	手工打磨不平整的地方		□完成 □未完成
	用 P400 号砂纸打磨		□完成 □未完成
	用 P500 号砂纸打磨		□完成 □未完成
	用菜瓜布打磨边缘		□完成 □未完成
	清洁		□完成 □未完成
对中涂底漆的喷涂与打磨——检查确认	检查车辆		□完成 □未完成
	收拾现场		□完成 □未完成
车辆交接			□完成 □未完成

四、评价反思

班级：　　　　　　　　组别：　　　　　　　　姓名：

考核项目		评分标准	学生自评	小组互评	教师评价	小计
知识目标	明确中涂底漆的作用及对汽车中涂底漆的要求	能完整叙述				
	了解常用中涂底漆的种类与用途	能完整叙述				
技能目标	熟悉中涂底漆的喷涂方法、流程	会操作				
	根据工艺正确进行打磨工作	会操作				
素质目标	安全、规范操作	做到做好				
	操作步骤、流程正确完整	正确熟练				
	团队合作	是否和谐				
	现场 6S	是否做到				
总　评						

任务六　面漆的喷涂

任务名称	面漆的喷涂		
班　级		姓　名	
地　点		日　期	
第____小组成员			

一、收集信息

[引导问题]

1. 请写出下列面漆喷涂的步骤。

____

____

____

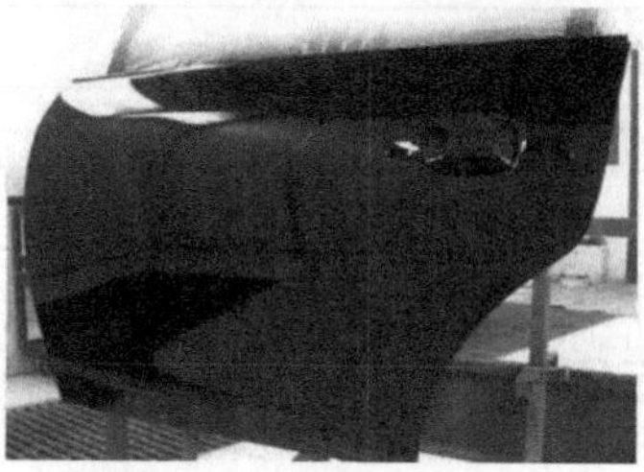
____

2. 面漆喷涂的作用：____。

[查阅资料]

简述汽车面漆喷涂的操作流程。

二、计划组织

小组组别	
设备工具	车外三件套、毛巾、______________________________ ____
组织安排	一组三人：A 同学了解汽车面漆喷涂的操作流程，B 同学练习汽车面漆喷涂的操作流程，C 同学协调与记录。各任务间轮换角色
准备工作	检查安全环保措施、熟悉布置工作场景

三、任务实施

作业内容		质量要求	完成情况
了解汽车面漆喷涂的操作流程			□完成 □未完成
对汽车面漆喷涂 ——前期准备	穿戴好劳保防护用品		□完成 □未完成
	设备、工具及材料准备		□完成 □未完成
对汽车面漆喷涂 ——安全检查	检查车轮挡块和驻车制动器		□完成 □未完成
对汽车面漆喷涂 ——面漆的喷涂	调配底色漆		□完成 □未完成
	倒入适量的色漆		□完成 □未完成
	添加稀释剂		□完成 □未完成
	添加稀释剂进行搅拌		□完成 □未完成
	选择合适喷枪		□完成 □未完成
	倒入喷枪		□完成 □未完成
	第一遍整个工件喷涂		□完成 □未完成
	第二遍、第三遍整个工件喷涂		□完成 □未完成
	喷涂清漆		□完成 □未完成
	整理工位		□完成 □未完成
对汽车面漆喷涂 ——检查确认	检查车辆		□完成 □未完成
	收拾现场		□完成 □未完成
车辆交接			□完成 □未完成

四、评价反思

班级：　　　　　　　组别：　　　　　　　姓名：

考核项目		评分标准	学生自评	小组互评	教师评价	小计
知识目标	了解面漆的作用及分类	能完整叙述				
	了解面漆喷涂流程	能完整叙述				
技能目标	能按要求进行面漆喷涂	会操作				
	掌握汽车修补面漆的调配和喷涂方法	会操作				
素质目标	安全、规范操作	做到做好				
	操作步骤、流程正确完整	正确熟练				
	团队合作	是否和谐				
	现场6S	是否做到				
总　评						

项目五　汽车外部的装饰

任务一　车身贴纸的装饰

任务名称	车身贴纸的装饰		
班　级		姓　名	
地　点		日　期	
第____小组成员			

一、收集信息

[引导问题]

1. 请写出下列车身贴纸装饰的步骤。

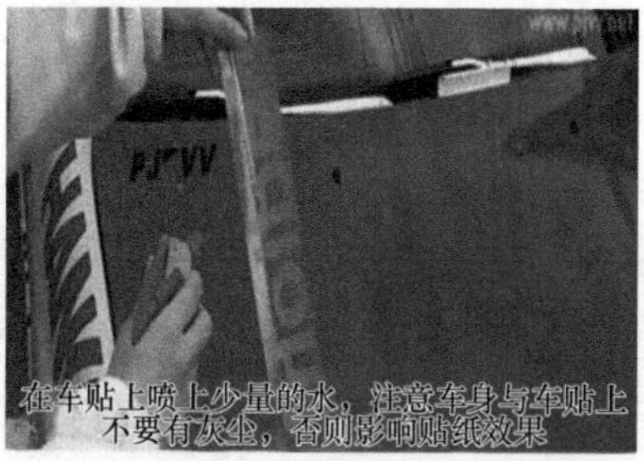
在车贴上喷上少量的水，注意车身与车贴上
不要有灰尘，否则影响贴纸效果

____

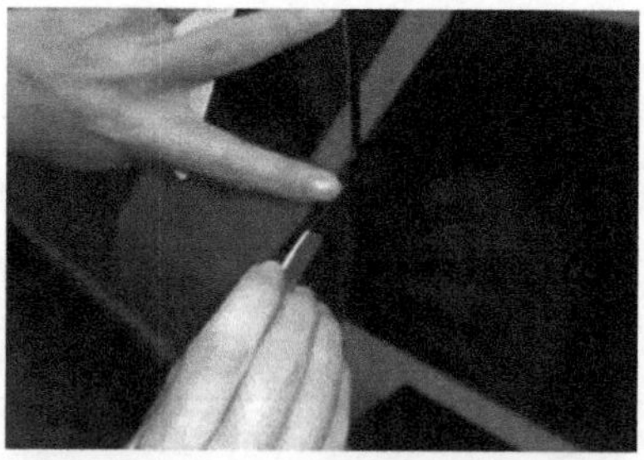

____

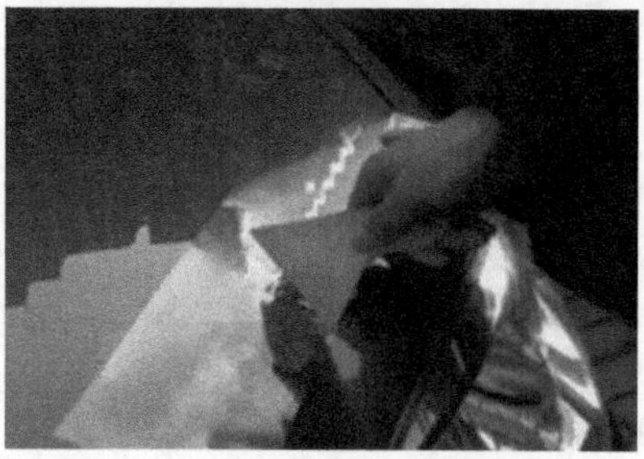

____

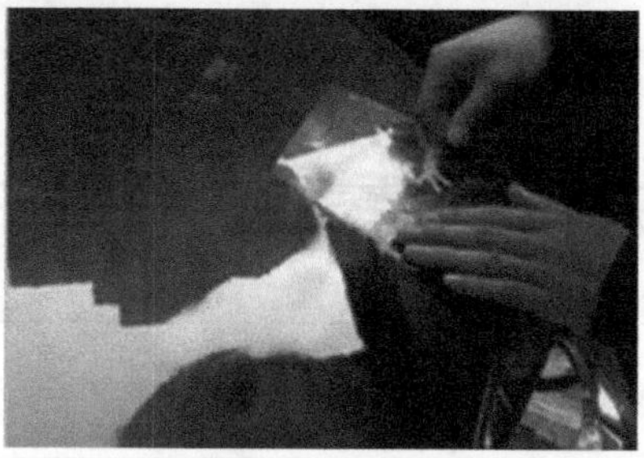

____

2. 汽车车身贴纸的意义：____

____。

[查阅资料]

简述汽车车身进行车贴装饰湿贴、干贴的安全操作流程。

二、计划组织

小组组别	
设备工具	车外三件套、毛巾、______________________________ ______________________________
组织安排	一组三人：A 同学了解汽车车身进行车贴装饰湿贴、干贴的操作步骤与方法，B 同学练习汽车车身进行车贴装饰湿贴、干贴的操作步骤与方法，C 同学协调与记录。各任务间轮换角色
准备工作	检查安全环保措施、熟悉布置工作场景

三、任务实施

1. 车身进行车贴装饰湿贴法

作业内容		质量要求	完成情况
了解汽车车身进行车贴装饰湿贴的操作步骤与方法			□完成 □未完成
对汽车车身进行车贴装饰湿贴——前期准备	着装准备		□完成 □未完成
	设备、工具及材料准备		□完成 □未完成
对汽车车身进行车贴装饰湿贴——安全检查	检查车轮挡块和驻车制动器		□完成 □未完成
	检查车辆		□完成 □未完成
对汽车车身进行车贴装饰湿贴——实施贴纸	贴纸喷水		□完成 □未完成
	揭开底纸		□完成 □未完成
	贴纸定位		□完成 □未完成
	刮除水分		□完成 □未完成
	贴纸裁边		□完成 □未完成
	撕开保护膜		□完成 □未完成
	进一步抛光		□完成 □未完成
对汽车车身进行车贴装饰湿贴——检查确认	检查车辆		□完成 □未完成
	收拾现场		□完成 □未完成
车辆交接			□完成 □未完成

2. 车身进行车贴装饰干贴法

作业内容		质量要求	完成情况
了解汽车车身进行车贴装饰干贴的操作步骤与方法			□完成 □未完成
对汽车车身进行车贴装饰干贴——前期准备	着装准备		□完成 □未完成
	设备、工具及材料准备		□完成 □未完成

（续）

作业内容		质量要求	完成情况
对汽车车身进行车贴装饰干贴——安全检查	检查车轮挡块和驻车制动器		□完成　□未完成
	准备工作		□完成　□未完成
对汽车车身进行车贴装饰干贴——实施贴纸	确定粘贴位置		□完成　□未完成
	反复刮平		□完成　□未完成
	清理		□完成　□未完成
对汽车车身进行车贴装饰干贴——检查确认	检查车辆		□完成　□未完成
	收拾现场		□完成　□未完成
车辆交接			□完成　□未完成

四、评价反思

班级：　　　　　　　　组别：　　　　　　　　姓名：

考核项目		评分标准	学生自评	小组互评	教师评价	小计
知识目标	车身贴纸的种类	能完整叙述				
	车身贴纸的种类与选用方法	能完整叙述				
	粘贴车身贴纸所需的工具与设备	能完整叙述				
技能目标	正确粘贴车身贴纸所需的工具与设备	会操作				
	粘贴车身贴纸的操作方法	会操作				
素质目标	安全、规范操作	做到做好				
	操作步骤、流程正确完整	正确熟练				
	团队合作	是否和谐				
	现场6S	是否做到				
总　评						

任务二　车窗饰条的安装

任务名称	车窗饰条的安装		
班　级		姓　名	
地　点		日　期	
第____小组成员			

一、收集信息

[引导问题]

1. 请写出下列材料和工具的名称。

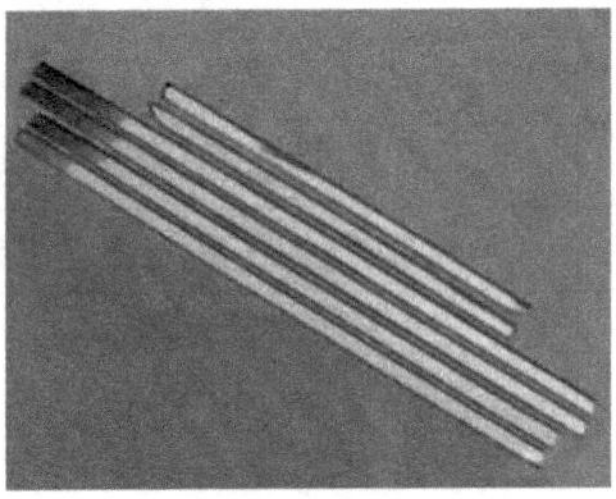

____

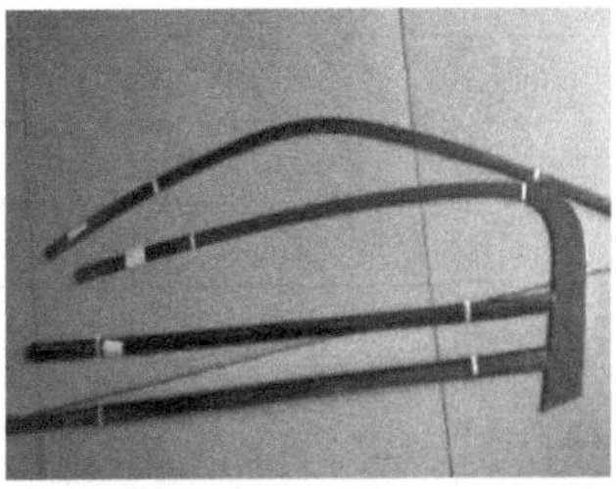

____

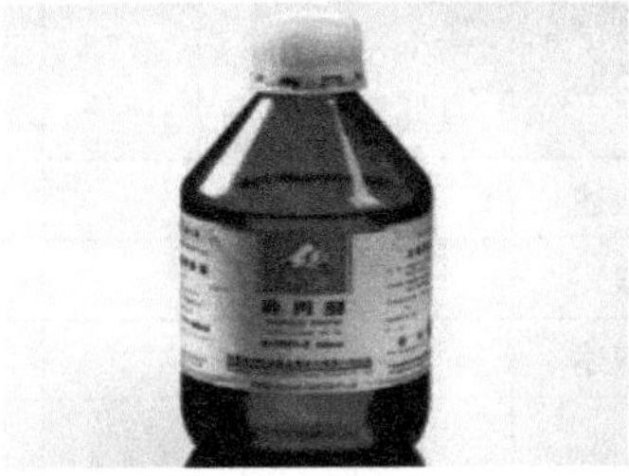

____

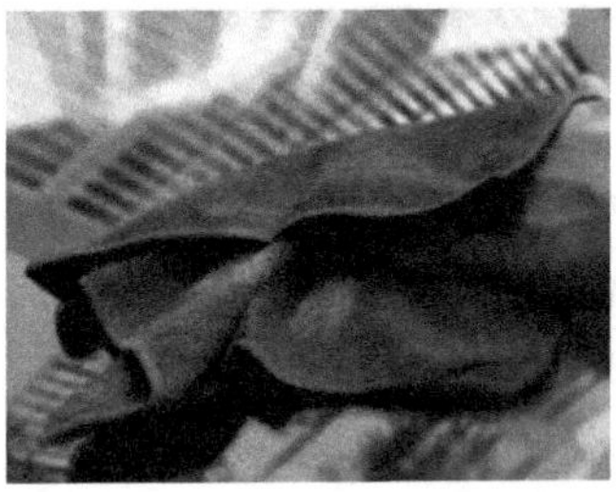

____

2. 汽车安装车窗饰条的意义：____

____。

[查阅资料]

简述汽车安装车窗饰条的安全操作流程。

二、计划组织

小组组别	
设备工具	车外三件套、毛巾、______________________________ ____
组织安排	一组三人：A 同学了解汽车安装车窗饰条的操作步骤与方法，B 同学练习汽车安装车窗饰条的操作步骤与方法，C 同学协调与记录。各任务间轮换角色
准备工作	检查安全环保措施、熟悉布置工作场景

三、任务实施

作业内容		质量要求	完成情况
了解汽车安装车窗饰条的操作步骤与方法			□完成 □未完成
对汽车安装车窗饰条——前期准备	着装准备		□完成 □未完成
	设备、工具及材料准备		□完成 □未完成
对汽车安装车窗饰条——安全检查	检查车轮挡块和驻车制动器		□完成 □未完成
	检查车辆		□完成 □未完成
对汽车安装车窗饰条——实施安装	确定安装位置		□完成 □未完成
	彻底清洁车窗边框表面		□完成 □未完成
	贴装饰条		□完成 □未完成
	清理		□完成 □未完成
对汽车安装车窗饰条——检查确认	检查车辆		□完成 □未完成
	收拾现场		□完成 □未完成
车辆交接			□完成 □未完成

四、评价反思

班级：　　　　　　　　组别：　　　　　　　　姓名：

考核项目		评分标准	学生自评	小组互评	教师评价	小计
知识目标	车身饰件的种类	能完整叙述				
	车窗饰条的种类与选用方法	能完整叙述				
	安装车窗饰条所需的工具与设备	能完整叙述				
技能目标	正确使用安装车窗饰条所需的工具与设备	会操作				
	安装车窗饰条的操作方法	会操作				
素质目标	安全、规范操作	做到做好				
	操作步骤、流程正确完整	正确熟练				
	团队合作	是否和谐				
	现场6S	是否做到				
总　评						

任务三　汽车扰流板的安装

任务名称	汽车扰流板的安装		
班　级		姓　名	
地　点		日　期	
第____小组成员			

一、收集信息

[引导问题]

1. 请写出下列汽车扰流板的类型。

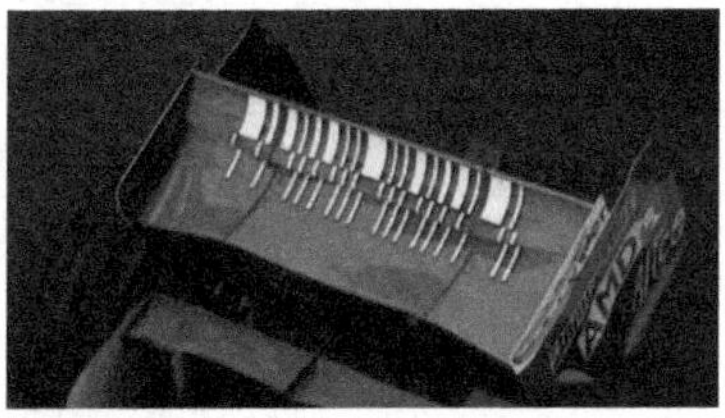

____

____

____

____

2. 汽车安装扰流板的意义：____。

[查阅资料]

简述汽车安装扰流板的安全操作流程。

二、计划组织

小组组别	
设备工具	车外三件套、毛巾、____________________________________
组织安排	一组三人：A 同学了解汽车安装扰流板的操作步骤与方法，B 同学练习汽车安装扰流板的操作步骤与方法，C 同学协调与记录。各任务间轮换角色
准备工作	检查安全环保措施、熟悉布置工作场景

三、任务实施

作业内容		质量要求	完成情况
了解汽车安装扰流板的操作步骤与方法			□完成　□未完成
对汽车安装扰流板 ——前期准备	着装准备		□完成　□未完成
	设备、工具及材料准备		□完成　□未完成
对汽车安装扰流板 ——安全检查	检查车轮挡块和驻车制动器		□完成　□未完成
			□完成　□未完成
对汽车安装扰流板 ——实施安装	检查车辆		□完成　□未完成
	确定安装位置		□完成　□未完成
	确定打孔位置		□完成　□未完成
	钻孔		□完成　□未完成
	行李舱内打孔		□完成　□未完成
	扩孔		□完成　□未完成
	做好防水		□完成　□未完成
	清理		□完成　□未完成
对汽车安装扰流板 ——检查确认	检查车辆		□完成　□未完成
	收拾现场		□完成　□未完成
车辆交接			□完成　□未完成

四、评价反思

班级：　　　　　　　组别：　　　　　　　　姓名：

考核项目		评分标准	学生自评	小组互评	教师评价	小计
知识目标	汽车扰流板的作用	能完整叙述				
	汽车扰流板的种类与选用方法	能完整叙述				
技能目标	安装扰流板所需的工具与设备	会使用				
	安装汽车扰流板的操作方法	会操作				
素质目标	安全、规范操作	做到做好				
	操作步骤、流程正确完整	正确熟练				
	团队合作	是否和谐				
	现场6S	是否做到				
总　评						

任务四　挡泥板的安装

任务名称	挡泥板的安装		
班　级		姓　名	
地　点		日　期	
第____小组成员			

一、收集信息

[引导问题]

1. 请写出下列汽车挡泥板的类型和安装步骤。

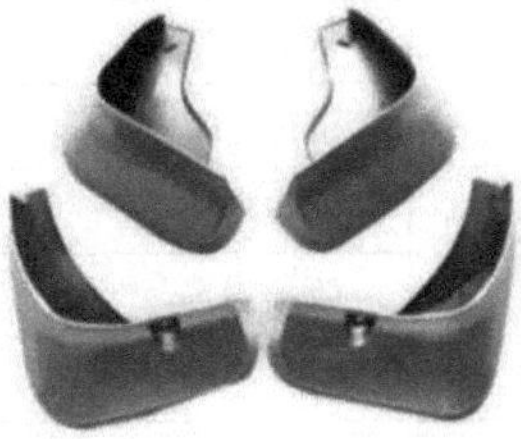

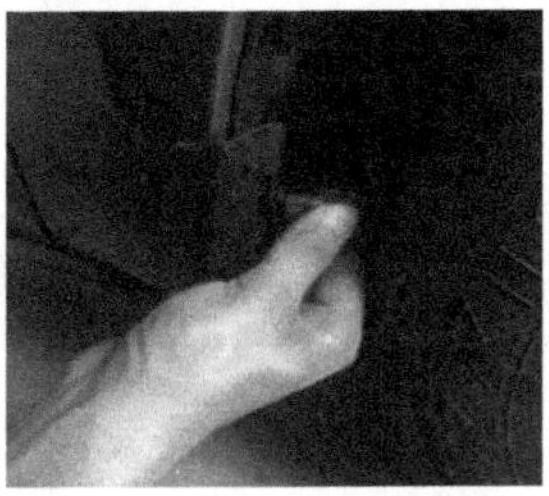

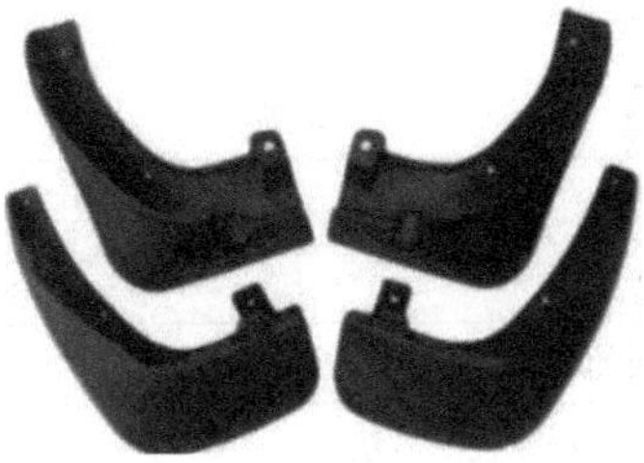

2. 汽车安装挡泥板的意义：____
____。

[查阅资料]

简述汽车安装挡泥板的安全操作流程。

二、计划组织

小组组别	
设备工具	车外三件套、毛巾、________________________________
组织安排	一组三人：A 同学了解汽车安装挡泥板的操作步骤与方法，B 同学练习汽车安装挡泥板的操作步骤与方法，C 同学协调与记录。各任务间轮换角色
准备工作	检查安全环保措施、熟悉布置工作场景

三、任务实施

作业内容		质量要求	完成情况
了解汽车安装挡泥板的操作步骤与方法			□完成　□未完成
对汽车安装挡泥板 ——前期准备	着装准备		□完成　□未完成
	设备、工具及材料准备		□完成　□未完成
对汽车安装挡泥板 ——安全检查	检查车轮挡块和驻车制动器		□完成　□未完成
			□完成　□未完成
对汽车安装挡泥板 ——实施安装	检查车辆		□完成　□未完成
	确定挡泥板的安装位置		□完成　□未完成
	拆卸螺钉		□完成　□未完成
	安放挡泥板		□完成　□未完成
	拧紧螺钉		□完成　□未完成
	清理		□完成　□未完成
对汽车安装挡泥板 ——检查确认	检查车辆		□完成　□未完成
	收拾现场		□完成　□未完成
车辆交接			□完成　□未完成

四、评价反思

班级：　　　　　　　　组别：　　　　　　　　姓名：

考核项目		评分标准	学生自评	小组互评	教师评价	小计
知识目标	挡泥板的作用	能完整叙述				
	安装汽车挡泥板的方法	能完整叙述				
	安装汽车挡泥板所需的工具与设备	能完整叙述				
技能目标	安装汽车挡泥板的方法	会操作				
素质目标	安全、规范操作	做到做好				
	操作步骤、流程正确完整	正确熟练				
	团队合作	是否和谐				
	现场6S	是否做到				
总　评						

任务五　发动机下护板的安装

任务名称	发动机下护板的安装		
班　级		姓　名	
地　点		日　期	
第____小组成员			

一、收集信息

[引导问题]

1. 请写出下列汽车发动机护板的类型。

____

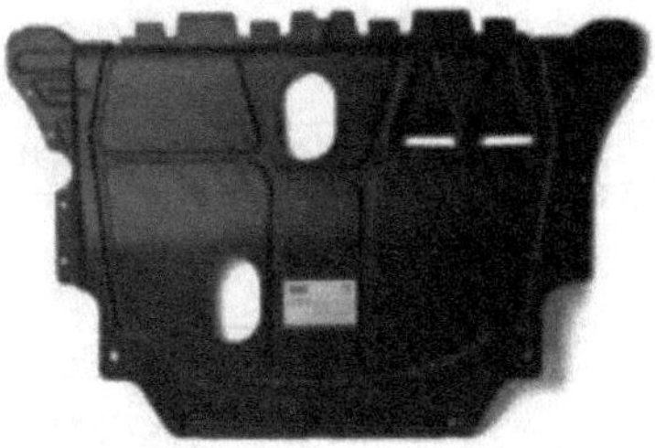

____

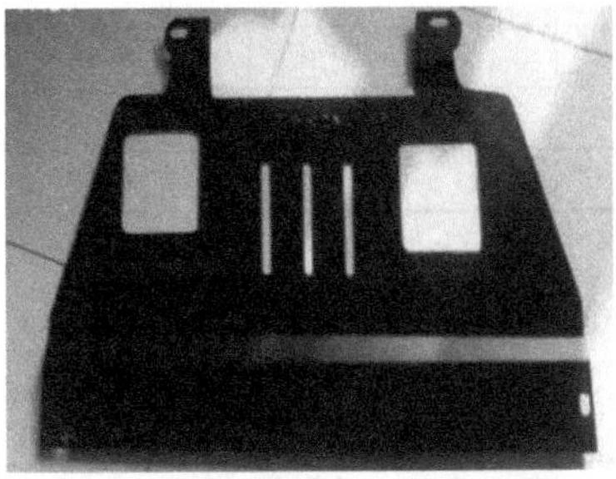

____

____

2. 汽车安装发动机护板的意义：____。

[查阅资料]

简述汽车安装发动机护板的安全操作流程。

二、计划组织

小组组别	
设备工具	车外三件套、毛巾、________________
组织安排	一组三人：A 同学了解汽车安装发动机护板的操作步骤与方法，B 同学练习汽车安装发动机护板的操作步骤与方法，C 同学协调与记录。各任务间轮换角色
准备工作	检查安全环保措施、熟悉布置工作场景

三、任务实施

作业内容		质量要求	完成情况
了解汽车安装发动机护板的操作步骤与方法			□完成 □未完成
对汽车安装发动机护板——前期准备	着装准备		□完成 □未完成
	设备、工具及材料准备		□完成 □未完成
对汽车安装发动机护板——安全检查	检查车辆驻车制动器		□完成 □未完成
	举升车辆前检查		□完成 □未完成
	举升车辆		□完成 □未完成
对汽车安装发动机护板——实施安装	确定安装位置		□完成 □未完成
	拆除原塑料板		□完成 □未完成
	加装垫片		□完成 □未完成
	安装护板		□完成 □未完成
	清理		□完成 □未完成
对汽车安装发动机护板——检查确认	检查车辆		□完成 □未完成
	收拾现场		□完成 □未完成
车辆交接			□完成 □未完成

四、评价反思

班级： 组别： 姓名：

考核项目		评分标准	学生自评	小组互评	教师评价	小计
知识目标	汽车发动机护板的作用	能完整叙述				
	发动机护板的种类与选用方法	能完整叙述				
	安装发动机护板的工具与设备	能完整叙述				
技能目标	安装发动机护板的操作方法	会操作				
素质目标	安全、规范操作	做到做好				
	操作步骤、流程正确完整	正确熟练				
	团队合作	是否和谐				
	现场 6S	是否做到				
总评						

任务六 车窗的贴膜

任务名称	车窗的贴膜		
班 级		姓 名	
地 点		日 期	
第____小组成员			

一、收集信息

[引导问题]

1. 请写出下列汽车车窗贴膜的材料和工具。

____

____

____

____

2. 汽车车窗贴膜的意义：____

____。

[查阅资料]

简述汽车车窗贴膜的安全操作流程。

二、计划组织

小组组别	
设备工具	车外三件套、毛巾、______________________________ ______________________________________
组织安排	一组三人：A 同学了解汽车车窗贴膜的操作步骤与方法，B 同学练习汽车车窗贴膜的操作步骤与方法，C 同学协调与记录。各任务间轮换角色
准备工作	检查安全环保措施、熟悉布置工作场景

三、任务实施

作业内容		质量要求	完成情况
了解汽车车窗贴膜的操作步骤与方法			□完成　□未完成
对汽车车窗贴膜——前期准备	着装准备		□完成　□未完成
	设备、工具及材料准备		□完成　□未完成
对汽车车窗贴膜——安全检查	检查车辆驻车制动器		□完成　□未完成
	清洗车辆、车间降尘		□完成　□未完成
	整车保护		□完成　□未完成
对汽车车窗贴膜——实施贴膜	裁膜		□完成　□未完成
	玻璃外部清洗		□完成　□未完成
	干粉润滑		□完成　□未完成
	准确定位		□完成　□未完成
	干烤定型		□完成　□未完成
	湿烤定型		□完成　□未完成
	精裁		□完成　□未完成
	卷膜		□完成　□未完成
	清洗内侧玻璃		□完成　□未完成
	上膜		□完成　□未完成
	赶水		□完成　□未完成
	处理气泡		□完成　□未完成
对汽车车窗贴膜——检查确认	检修		□完成　□未完成
	收拾现场		□完成　□未完成
车辆交接			□完成　□未完成

四、评价反思

班级：　　　　　　　　　组别：　　　　　　　　　姓名：

考核项目		评分标准	学生自评	小组互评	教师评价	小计
知识目标	汽车玻璃膜的作用	能完整叙述				
	汽车玻璃膜的品牌及选用方法	能完整叙述				
	汽车贴膜工艺流程及注意事项	能完整叙述				
技能目标	汽车玻璃膜的方法与步骤	会操作				
素质目标	安全、规范操作	做到做好				
	操作步骤、流程正确完整	正确熟练				
	团队合作	是否和谐				
	现场6S	是否做到				
总　评						

项目六　汽车内部的装饰

任务一　汽车内地板胶的安装

任务名称	汽车内地板胶的安装		
班　级		姓　名	
地　点		日　期	
第____小组成员			

一、收集信息

[引导问题]

1. 请写出下列汽车安装地板胶的材料和工具。

____________________　　____________________

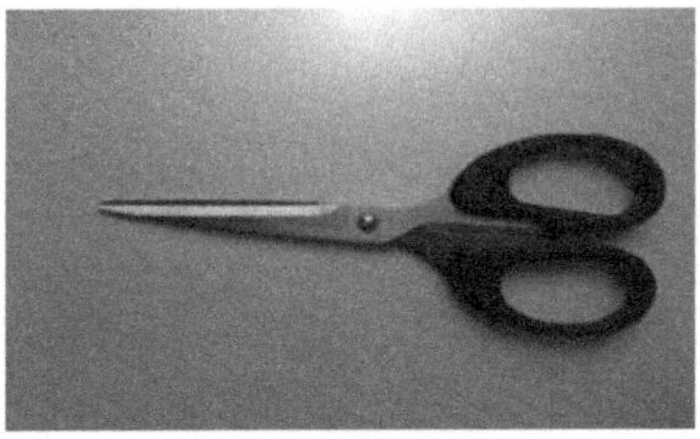

____________________　　____________________

2. 汽车安装地板胶的意义：____

____。

[查阅资料]

简述汽车安装地板胶的安全操作流程。

二、计划组织

小组组别	
设备工具	车外三件套、毛巾、______________________ ______________________________
组织安排	一组三人：A 同学了解汽车安装地板胶的操作步骤与方法，B 同学练习汽车安装地板胶的操作步骤与方法，C 同学协调与记录。各任务间轮换角色
准备工作	检查安全环保措施、熟悉布置工作场景

三、任务实施

作业内容		质量要求	完成情况
了解汽车安装地板胶的操作步骤与方法			□完成 □未完成
对汽车安装地板胶——前期准备	着装准备		□完成 □未完成
	设备、工具及材料准备		□完成 □未完成
对汽车安装地板胶——安全检查	检查车轮挡块和驻车制动器		□完成 □未完成
对汽车安装地板胶——实施安装	检查车辆		□完成 □未完成
	卸座椅		□完成 □未完成
	铺设地板胶		□完成 □未完成
	挖洞		□完成 □未完成
	安装座椅		□完成 □未完成
	清理		□完成 □未完成
对汽车安装地板胶——检查确认	检查车辆		□完成 □未完成
	收拾现场		□完成 □未完成
车辆交接			□完成 □未完成

四、评价反思

班级： 组别： 姓名：

考核项目		评分标准	学生自评	小组互评	教师评价	小计
知识目标	车内地板胶的作用	能完整叙述				
	车内地板胶的种类与选用方法	能完整叙述				
	安装车内地板胶所需的工具与设备	能完整叙述				
技能目标	安装车内地板胶的操作方法	会操作				
素质目标	安全、规范操作	做到做好				
	操作步骤、流程正确完整	正确熟练				
	团队合作	是否和谐				
	现场 6S	是否做到				
总 评						

任务二　座椅套的安装

任务名称	座椅套的安装		
班　级		姓　名	
地　点		日　期	
第____小组成员			

一、收集信息

[引导问题]

1. 请写出下列汽车座椅套的材质。

____

____

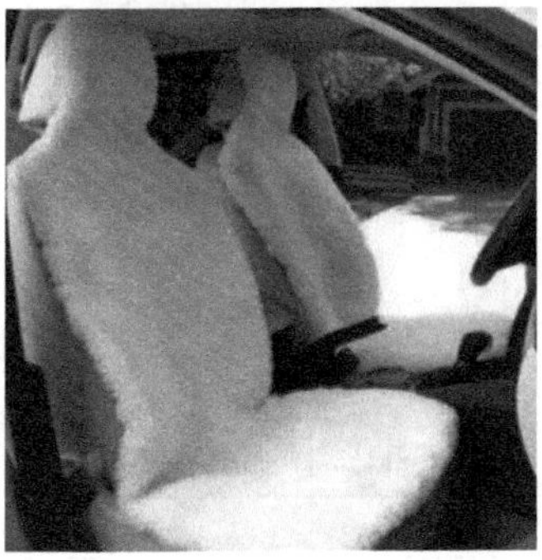

____

____

2. 汽车安装座椅套的意义：____
____。

[查阅资料]

简述汽车安装座椅套的安全操作流程。

二、计划组织

小组组别	
设备工具	车外三件套、毛巾、______________________ ______________________
组织安排	一组三人：A 同学了解汽车安装座椅套的操作步骤与方法，B 同学练习汽车安装座椅套的操作步骤与方法，C 同学协调与记录。各任务间轮换角色
准备工作	检查安全环保措施、熟悉布置工作场景

三、任务实施

作业内容		质量要求	完成情况
了解汽车安装座椅套的操作步骤与方法			□完成 □未完成
对汽车安装座椅套——前期准备	着装准备		□完成 □未完成
	设备、工具及材料准备		□完成 □未完成
对汽车安装座椅套——安全检查	检查车轮挡块和驻车制动器		□完成 □未完成
对汽车安装座椅套——实施安装	检查车辆		□完成 □未完成
	安装汽车座椅套前座靠背		□完成 □未完成
	安装汽车前座位座套		□完成 □未完成
	安装汽车座椅套后座靠背		□完成 □未完成
	安装汽车后座位座套		□完成 □未完成
对汽车安装座椅套——检查确认	检查车辆		□完成 □未完成
	收拾现场		□完成 □未完成
车辆交接			□完成 □未完成

四、评价反思

班级：　　　　　　　　组别：　　　　　　　　姓名：

考核项目		评分标准	学生自评	小组互评	教师评价	小计
知识目标	汽车安装座椅套的作用	能完整叙述				
	座椅套的种类与选用方法	能完整叙述				
	安装座椅套所需的工具与设备	能完整叙述				
技能目标	会使用安装座椅套所需的工具与设备	会操作				
	安装座椅套的操作方法	会操作				
素质目标	安全、规范操作	做到做好				
	操作步骤、流程正确完整	正确熟练				
	团队合作	是否和谐				
	现场 6S	是否做到				
总　评						

任务三　转向盘套及其他挂饰的安装

任务名称	转向盘套及其他挂饰的安装		
班　级		姓　名	
地　点		日　期	
第____小组成员			

一、收集信息

[引导问题]

1. 请写出下列汽车安装转向盘套的工具和材料。

____

____

____

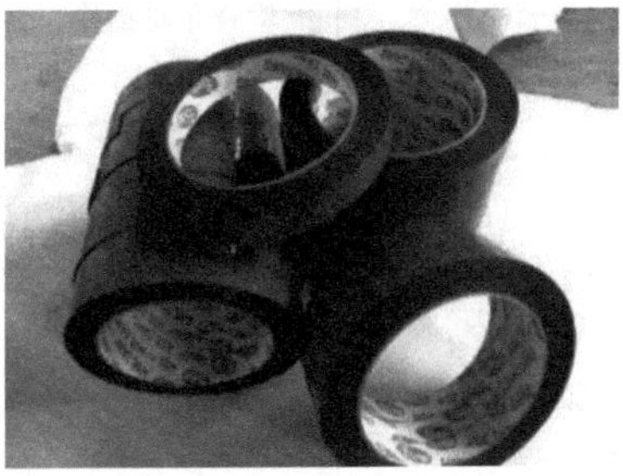

____

2. 汽车安装转向盘套及其他挂饰的意义：____。

[查阅资料]

简述汽车安装转向盘套及其他挂饰的安全操作流程。

二、计划组织

小组组别	
设备工具	车外三件套、毛巾、________________ ________________
组织安排	一组三人：A 同学了解汽车安装转向盘套及其他挂饰的操作步骤与方法，B 同学练习汽车安装转向盘套及其他挂饰的操作步骤与方法，C 同学协调与记录。各任务间轮换角色
准备工作	检查安全环保措施、熟悉布置工作场景

三、任务实施

1. 手工缝制专用型转向盘套的安装

作业内容		质量要求	完成情况
了解汽车手工缝制专用型转向盘套安装的操作步骤与方法			□完成 □未完成
对汽车手工缝制专用型转向盘套安装——前期准备	着装准备		□完成 □未完成
	设备、工具及材料准备		□完成 □未完成
对汽车手工缝制专用型转向盘套安装——安全检查	检查车轮挡块和驻车制动器		□完成 □未完成
对汽车手工缝制专用型转向盘套安装——实施安装	检查车辆		□完成 □未完成
	确定转向盘套安装位置		□完成 □未完成
	粘贴转向盘套		□完成 □未完成
	修整		□完成 □未完成
	缝合		□完成 □未完成
	清理		□完成 □未完成
对汽车手工缝制专用型转向盘套安装——检查确认	检查车辆		□完成 □未完成
	收拾现场		□完成 □未完成
车辆交接			□完成 □未完成

2. 手工缝制通用型转向盘套的安装

作业内容		质量要求	完成情况
了解汽车手工缝制通用型转向盘套安装的操作步骤与方法			□完成 □未完成
对汽车手工缝制通用型转向盘套安装——前期准备	着装准备		□完成 □未完成
	设备、工具及材料准备		□完成 □未完成

（续）

作业内容		质量要求	完成情况
对汽车手工缝制 通用型转向盘套安装 ——安全检查	检查车轮挡块和驻车制动器		□完成 □未完成
对汽车手工缝制 通用型转向盘套安装 ——实施安装	寻找起始点		□完成 □未完成
	穿针		□完成 □未完成
	缝合		□完成 □未完成
	收尾		□完成 □未完成
	缝下一辐		□完成 □未完成
	继续缝合		□完成 □未完成
	清理		□完成 □未完成
对汽车手工缝制 通用型转向盘套安装 ——检查确认	检查车辆		□完成 □未完成
	收拾现场		□完成 □未完成
车辆交接			□完成 □未完成

四、评价反思

班级：　　　　　　　　组别：　　　　　　　　姓名：

考核项目		评分标准	学生自评	小组互评	教师评价	小计
知识目标	转向盘套及其他挂饰的文化	能完整叙述				
	转向盘套及其他挂饰的种类与选用方法	能完整叙述				
	安装转向盘套所需的工具与设备	能完整叙述				
技能目标	安装转向盘套所需的工具与设备	会操作				
	安装转向盘套的操作方法	会操作				
素质目标	安全、规范操作	做到做好				
	操作步骤、流程正确完整	正确熟练				
	团队合作	是否和谐				
	现场 6S	是否做到				
总　评						

项目四 漆面的修补

任务一 汽车车身修复喷涂常用涂料的认识

学习目标

知识目标	1. 了解涂料的组成及其作用； 2. 能够叙述汽车车身修复喷涂常用涂料的种类与选用方法。
技能目标	1. 能够按要求喷涂汽车常用涂料； 2. 掌握涂料的喷涂操作方法。

任务描述

某品牌汽车使用了五年，漆面出现很多划痕、开裂及起泡缺陷，车主要求重新进行全车喷涂处理，在喷涂之前首先要选好涂料。通过本任务的学习，应能认识汽车常用涂料。

知识准备

一、环氧底漆

环氧底漆是以环氧树脂为主要成膜物质制成的底漆，是物理隔绝防腐底漆的代表，可根据需要制成多种形式的产品，如高温烘烤型、双组分型、单组分型等。

优点：附着力极强，对金属、木材、玻璃、塑料、陶瓷和纺织物等都有很好的附着力和黏结力；涂膜韧性好，耐挠曲且硬度比较高；耐化学品性优良，耐碱性尤其突出；对水、溶剂、酸、碱和其他化学品都有良好的抵抗力；具有良好的电绝缘性、耐久性、耐热性。

缺点：耐候性差，表面粉化较快；使用胺类作为固化剂，对人体和皮肤有一定的刺激性。

二、中涂底漆

中涂底漆是用于底漆涂层与面漆涂层之间的底漆，常称为“二道底漆”或“二道浆”。主要的作用是增加面漆涂层与下面涂层的附着力，提高面漆涂层的平整度和丰满度，隔绝和封闭下面涂层，防止面漆往下渗透产生涂膜缺陷，同时也有填充针孔、细小划痕和细小缺陷的作用等。

汽车用中涂底漆应具有如下性能：

1）有良好的配套性和附着力。

2）有良好的打磨性和耐水性，湿磨后表面平整光滑，无起皱、脱皮等，局部漆层边缘平滑性好，无接口痕迹。

3）有良好的填充性能。

4）有良好的隔离性能。

5）能提供给面漆层一个吸附性一致的涂面，同时由于具有良好的防渗透性，可以提高面漆的光泽度，因此可以极大地提高面漆的装饰性。

6）有良好的施工性能，如温度适应性、干燥迅速、施工容易等。

三、面漆

面漆即表面的油漆，它是喷涂在整个涂层最外面的一层涂料，是涂层组合中唯一可见的部分，起着装饰、标识和保护底材的作用。由于面漆直接与各种气候条件（如阳光、雨雪、大气、严寒酷暑等）及有害物质（如工业大气、酸雨、各种化学物质等）接触，又要满足装饰美观的需要，所以相对于底漆和中涂底漆，面漆有着更严格的要求。面漆有以下两种分类：

1. 面漆按照施工工序多少分类

1）单工序面漆是指喷涂同一种涂料即形成完整的面漆层的喷涂系统。采用单工序做法的一般是纯色漆，它可以简化涂装工艺，降低成本。

2）双工序面漆指喷涂两种不同的涂料才能形成完整的面漆层的喷涂系统，通常是先喷涂色漆，然后再喷涂罩光清漆，两种涂层结合在一起才能形成有质量保证的完整的面漆层。可以采用双工序做法的有纯色漆、金属漆及遮盖力较好的珍珠漆，通过罩光清漆可以增强颜色效果，提高光泽。双工序涂层中的底色漆使用的是单组分产品，直接添加适量的稀释剂，调整好黏度就可以了。不同品牌及同一品牌不同型号的涂料添加的稀释剂比例有所不同，同时也要根据施工温度及面积选择合适的型号产品。

3）三工序面漆更复杂，如三工序珍珠漆通常是先喷一层打底色漆，然后再喷一层珍珠漆，最后喷罩光清漆，三个涂层结合才能形成完整的面涂层。一般珍珠漆及遮盖力较差的金属漆应采用三工序方法施工。

2. 按面漆颜色效果的不同分类

按照颜色效果的不同，可将面漆分为纯色漆、金属漆和珍珠漆等。

四、清漆

清漆主要是配合底色漆使用，是罩光透明清漆，在工艺上与底色漆是不可分的，一般先喷底色漆，然后再喷清漆，清漆为底色漆提供光泽和保护层。底色漆一般是金属闪光漆，漆膜不能过厚（一般为10～15μm），否则将影响闪光效果；罩光层的厚度一般为35～45μm），分为自干型和烘干型。原厂涂装一般为高温烤漆，烘烤温度在150～190℃范围内，时间为30min左右。自干型清漆一般用于维修行业，它既能在室温下自然干燥，也能低温烘烤，烘烤温度可设定为50～80℃。

目前原厂采用的清漆材料主要为高温固化的单组分漆（聚氨酯或聚酯），修补漆常用的清漆材料主要为自然固化的双组分丙烯酸酯类。汽车清漆层有两种作用：一是增加漆的亮度和反光度；二是保护色漆层。它有以下三个特点：

1）清漆一般含有减少紫外线照射的保护功能，只要清漆层完好无损，它可有效延缓色漆的老化。

2）清漆美观，光泽度很高，但易出现划痕。如果洗车后用稍有些发硬的毛巾或麂皮擦车，容易产生细小划痕。

3）清漆比普通漆更易受到环境污染的侵蚀。有害物质的来源包括：车尾气中放出的二氧化碳的炭黑及大气中的酸雨、酸雾、酸雪等。这些杂物一旦落在车上，加上空气中的水分，就变成腐蚀清漆的酸性溶液。稍一加温，便开始发生化学反应，侵蚀汽车漆的保护层，初期并不明显，若长期不做护理，最终这种化学反应会侵蚀到色彩层、底漆层和金属。

五、稀释剂

稀释剂是汽车喷涂的主要辅助材料，其作用是调稀喷漆黏度，使之有利于喷涂施工。根据不同的漆种进行调配，常用的品种有醇酸漆稀释剂、氨基漆稀释剂、硝基漆稀释剂（香蕉水）等。

六、固化剂

固化剂的目的是为了引起或加快单组分或多组分涂料产品的固化。有些时候固化剂的添加是为了提高特殊产品的表面力。使用时必须精确地控制比例，这样才能保证最优化的涂层效果和长时间的持久性。如果加了过量的固化剂会减慢固化剂速度，最终会使涂层易碎、易裂。

七、原子灰

原子灰俗称为腻子，又称为不饱和树脂腻子，是由不饱和树脂、滑石粉、苯乙烯等料经搅拌研磨而成的主体灰及固化剂组成的双组分填平材料，具有常温固化、干燥速度快、附着力强、易打磨等特点。它主要是对车身凹坑、针缩孔、裂纹和小焊缝等缺陷的填平与修饰，满足面漆前底材表面的平整与平滑。

任务实施

汽车车身修复常用涂料认识操作步骤流程与方法见下表。

汽车车身修复常用涂料的认识		
涂料名称	示意图	说明
1. 环氧底漆	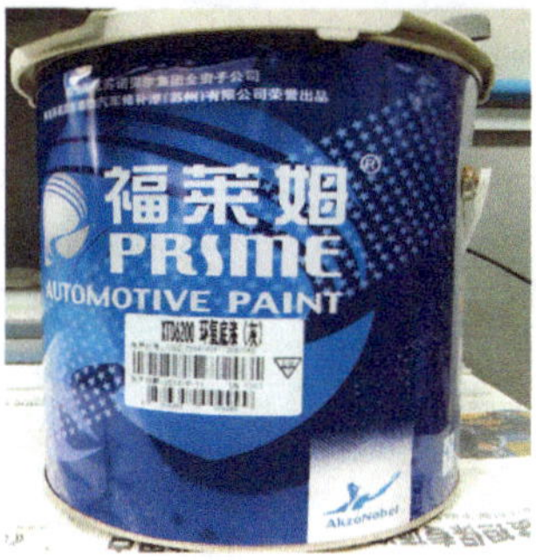	汽车用底漆就是直接涂装在经过表面处理的本身部件表面上的第一道涂料，它是整个涂层的开始。汽车用溶剂型底漆主要选用硝基树脂、环氧树脂、醇酸树脂、氨基树脂和酚醛树脂等为基料，颜料一般选用氧化铁红、钛白、炭黑及其他颜料和填料，涂装方式有喷涂和浸涂两种
2. 中涂底漆	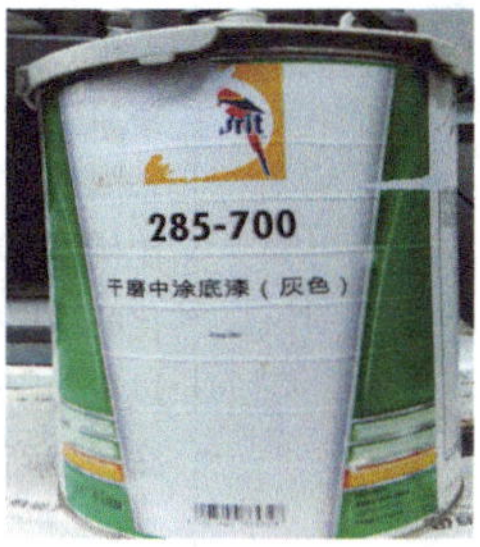	中涂底漆的主要作用是增加面漆涂层与下面涂层的附着力，提高面漆涂层的平整度和丰满度；起到隔绝和封闭下面涂层，防止面漆往下渗透产生涂层缺陷；同时也有填充针孔、细小划痕和细小缺陷的能力等

（续）

汽车车身修复常用涂料的认识		
涂 料 名 称	示 意 图	说　明
3. 面漆		一般面漆有普通漆、金属漆和珠光漆。普通漆主要包含树脂、颜料和添加剂；金属漆加了铝粉，喷涂完成后视觉上比较光亮；珠光漆加入的是云母粒，云母是很薄的、一片片的，因此反光有方向性，有色彩斑斓的效果
4. 清漆	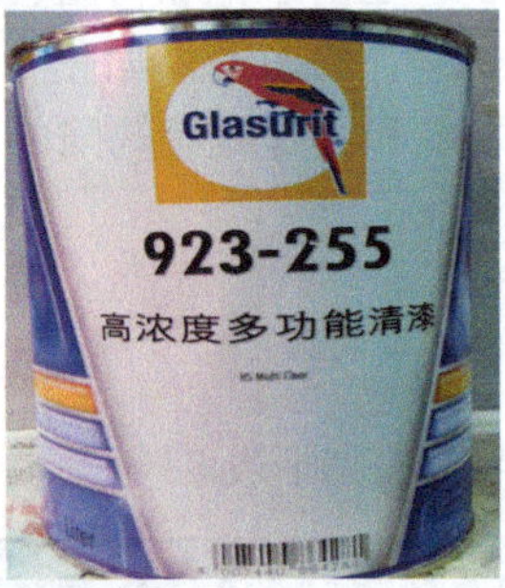	汽车用清漆主要是配合底色漆使用，在工艺上它与底色漆是不可分的，一般先喷底色漆，然后再喷清漆，清漆为底色漆提供光泽和保护层。清漆层的厚度一般为35～45μm，汽车清漆层有两种作用：一是增加漆的亮度和反光度；二是用以保护色漆层
5. 稀释剂		稀释剂的作用是溶解油漆涂料的树脂，使之达到要求的黏度，以便更好地喷涂。不同的油漆所采用的稀释剂各有不同，有些不能互换，否则会使油漆的聚合受到严重的破坏，对修补的漆面造成损害
6. 固化剂	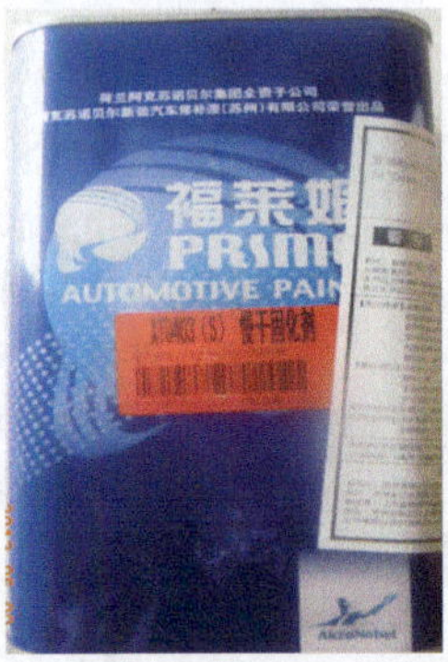	固化剂的目的是为了引起或加快单组分或多组分涂料产品的固化。有些时候固化剂的添加是为了提高特殊产品的表面力。精确的比例是必须严格要求的，这样才能保证最优化的涂层效果和长时间的持久性。如果加了过量的固化剂会减慢固化剂速度，最终会使涂层易碎、易裂

（续）

汽车车身修复常用涂料的认识		
涂料名称	示意图	说明
7. 原子灰		原子灰俗称为腻子。它又称为不饱和树脂腻子，是由不饱和树脂、滑石粉、苯乙烯等料经搅拌研磨而成的主体灰及固化剂组成的双组分填平材料，具有常温固化干燥速度快、附着力强、易打磨等特点。它主要是对车身凹坑、针缩孔、裂纹和小焊缝等缺陷的填平与修饰，满足面漆前底材表面的平整与平滑

评价反馈

考核项目		评分标准	学生自评	小组互评	教师评价	小　计
知识目标	各涂料的作用	能完整叙述				
	汽车车身修复喷涂常用涂料种类	能完整叙述				
技能目标	正确使用各涂料进行喷涂	会操作				
素质目标	安全、规范操作	做到做好				
	操作步骤、流程正确完整	正确熟练				
	团队合作	是否和谐				
	现场6S	是否做到				
总　评						

任务二　喷涂施工的设备和工具的认识

学习目标

知识目标	1. 掌握喷漆施工常用设备的作用与分类； 2. 能够表述汽车喷涂常用设备工具的种类。
技能目标	1. 能够按要求使用喷涂设备和工具； 2. 正确使用和维护相关的工具设备。

任务描述

某品牌汽车使用了五年，漆面出现很多划痕、开裂及起泡缺陷，车主要求重新进行全车喷涂处理，在喷涂之前要熟悉设备与工具的使用，现在来学习汽车车身修复喷涂常用设备和工具。

知识准备

一、空气压缩机

压缩空气供给系统是一整套生产、净化和输送压缩空气的系统设备。在喷涂作业中，涂料就是借助压缩空气的作用才均匀地附着在待涂物的表面上。此外，涂装车间的许多工具都需要借助压缩空气作为动力源才能使用，因此拥有一套高效能的压缩空气供给系统对汽车维修非常重要。其中一台空气压缩装置由空气压缩机（俗称气泵）、电动机控制机构、过滤器、干燥装置和储气罐等部件组成。

二、油水分离器

油水分离器能凝结压缩空气中的油和水分，调节压缩空气的压力和过滤空气的杂质。如果没有经过有效过滤的压缩空气用于喷涂，会使涂层表面产生水泡、麻点，影响涂层质量。

三、汽车喷漆烤漆房

汽车喷漆房为涂装提供一个干净、安全、照明良好的工作环境，使喷漆过程不受灰尘的干扰，并把挥发性漆雾限制在喷漆间内并及时通过排气系统送出去。而汽车烤漆房可以对原子灰、底漆、中涂底漆及面漆等进行烘烤，加快涂料的干燥与固化，提高工作效率和涂层质量。通常为了减少成本和节约空间，常常将喷漆房、烤漆房设计为一体，即汽车喷漆烤漆房。

四、喷枪

喷枪是空气喷涂的关键设备，其质量好坏及操作人员对喷枪的熟练掌握程度对涂装修补的质量影响很大。汽车车身修复喷涂喷枪主要有三种：底漆喷枪、面漆喷枪和修补喷枪。

对喷涂工作而言，要想获得良好的效果，正确的喷涂方法是非常重要的。在喷涂时必须要注意以下几个方面：

（1）喷枪与待喷工件表面的距离 正确的喷涂距离应与喷枪种类、喷涂气压、喷幅大小以及涂料种类相配合，一般的喷涂距离为15～25cm。如果喷涂距离过短，则涂料会堆积，形成流挂；如果距离过长，稀释剂挥发太多，会使飞漆增多，漆雾不能在物体表面成膜或涂层粗糙无光。

（2）喷枪与喷涂工件表面的角度 喷枪无论是在竖直方向还是在水平方向移动时与喷涂表面必须始终垂直。

操作时施工人员双脚分开，比肩稍宽，一般右手持枪，左手抓住空气软管，喷涂过程中左右移动整个身体，不能跨步，也不允许手腕或肘部做弧形的摆动。

（3）喷枪的移动速度 喷枪的移动速度与涂料的干燥速度、涂料黏度以及环境温度有关，一般以40～60cm/s的速度匀速移动。具体操作时要以喷涂出来的涂层效果决定喷枪的移动速度。如果喷枪的移动速度过快，会导致涂层过薄，粗糙无光；如果速度过慢，会导致涂层过厚出现流挂。而如果速度不均匀，忽快忽慢，会导致涂层厚薄不均。

（4）喷枪的喷涂压力 喷涂压力与涂料的种类、稀释剂的种类、稀释后的黏度和喷枪的类型等有关，喷涂时应参照涂料生产厂商提供的说明而定，或进行试喷确定。压力过低将造成雾化不好，会使稀释剂挥发过慢，涂层易出现“流泪”“针孔”“气泡”等缺陷；压力过高会使稀释剂过分蒸发，严重时形成干喷现象。

（5）喷涂方法、路线及重叠幅度 喷涂方法有纵行重叠法、横行重叠法、纵横交替重叠法。喷涂线路应从高到低、从左到右、从上到下、先里后外的顺序进行。在行程终点关闭喷枪，喷枪下一次单向移动的行程与上一次相反，喷嘴与上一次行程的边缘平齐，本次雾形的上半部与上一次雾形的下半部重叠，重叠幅度为喷雾图形的1/2或3/4。

（6）喷枪扳机的控制 喷枪是靠扳机来控制的，扳机扣得越紧，液体流速越大。为了避免每次走枪行程结束时所喷出的涂料堆积，一般要放松扳机，以减小供漆量。

五、刮灰刀

刮灰刀是在进行汽车表面修复时，给受损表面上原子灰或红灰的常用工具。目前有钢制型、塑料型和橡胶型，形状大小不等，根据需要选择不同的刮灰刀。

六、打磨机

打磨机广泛应用于涂装工艺和钣金修复工艺中，能有效地提高工作效率，降低操作人员的劳动强度以及提高涂装质量。它可以一边干磨原子灰，一边吸尘，防止灰尘污染，减少对人体伤害。

七、红外线烤灯

专业烤漆灯管的红外辐射具有很强的渗透力，可以直入涂层，使涂漆层（车身的外壳）的温度迅速升高产生自发热效应，涂层中的水分（或溶剂）由内迅速向外挥发。漆膜的干燥速度非常快，而且漆膜的光泽度与丰满度大幅提高，附着力增强，不会产生“桔皮”“流泪”等在普通烤漆工艺中易出的缺陷，可避免返工，节约成本，提高效率。

任务实施

汽车车身修复喷涂常用设备和工具的认识见下表。

汽车车身修复喷涂常用设备和工具的认识		
名　称	示　意　图	说　明
1. 空气压缩机		空气压缩机（俗称为气泵）是提供压缩空气的设备。除了喷漆需要用压缩空气外，所有的气动工具和设备都要利用有一定压力和流量的压缩空气作为动力
2. 油水分离器		油水分离器能凝结压缩空气中的油和水分，调节压缩空气的压力和过滤空气的杂质。如果没有经过有效过滤的压缩空气用于喷涂，会使涂层表面产生水泡、麻点，影响涂层质量

（续）

汽车车身修复喷涂常用设备和工具的认识		
名　称	示 意 图	说　明
3. 汽车喷漆烤漆房	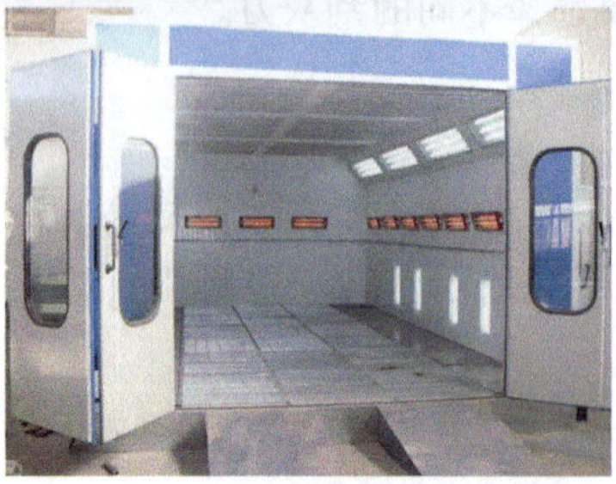	用于喷涂完成后的干燥。车身修理车间由于敲打金属，研磨焊缝、原子灰，打磨过程会产生大量的粉尘，这些粉尘大多数非常细微，很难消除，且这种环境不利于车身的喷涂工作。喷烤漆房能提供清洁、安全、明亮、有利于健康的工作场地，使喷涂过程没有飞扬的粉尘，并能限制排放和安全排放掉车身喷涂时产生的挥发性气体
4. 喷枪		重力式（上壶）喷枪的涂料壶设计在喷枪上部，涂料是依靠自身重力加上压缩空气在通过喷嘴及风帽时形成的文丘里效应产生真空令涂料喷出
5. 刮灰刀		刮灰刀是用来将原子灰刮涂到工件上的手工工具，根据制作材料的不同，可以分为橡胶刮灰刀、塑料刮灰刀和金属刮灰刀等；根据其软硬程度不同，可分为硬刮灰刀和软刮灰刀
6. 打磨机	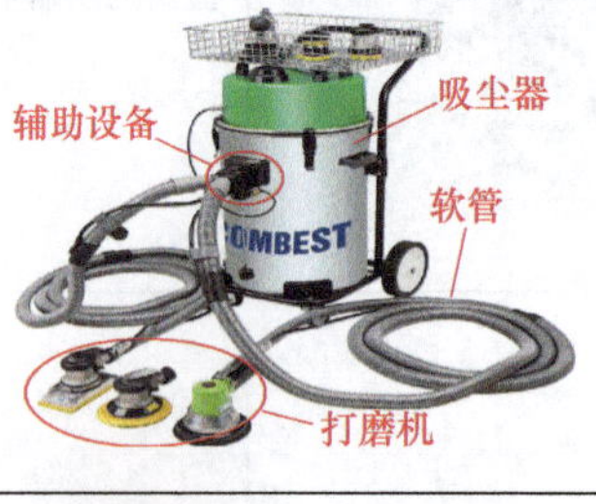	打磨机的种类很多，按打磨机的驱动方式可以分为电动打磨机与气动打磨机两种。由于气动打磨机具有结构简单、操作轻便、使用安全等特点，目前在维修行业使用较多
7. 红外线烤灯		专业烤漆灯管的红外辐射具有很强的渗透力，可以直入涂层，使涂漆层的温度迅速升高，涂层中的水分（或溶剂）则迅速由内向外挥发

评价反馈

考核项目		评分标准	学生自评	小组互评	教师评价	小　计
知识目标	各设备、工具的作用	能完整叙述				
	汽车喷涂常用设备工具的种类	能完整叙述				
技能目标	正确使用各设备、工具	会操作				
	对设备进行维护保养	会操作				
素质目标	安全、规范操作	做到做好				
	操作步骤、流程正确完整	正确熟练				
	团队合作	是否和谐				
	现场6S	是否做到				
总　评						

任务三　喷漆前的表面处理

学习目标

知识目标	1. 明确表面前处理的含义和必要性； 2. 了解常用材料的特点及前处理方法； 3. 了解原涂层与底材的判别。
技能目标	1. 能独立对修补部位的底材、旧涂层进行处理； 2. 能正确打磨羽状边； 3. 正确使用和维护相关的工具和设备。

任务描述

某品牌汽车使用了五年，漆面出现划痕、开裂及起泡缺陷，车主要求重新修补喷涂处理，在喷涂前要进行表面处理，现在来学习喷涂前的表面处理。

知识准备

在进行汽车修补喷涂之前需要对原车漆面或新部件进行必要的处理，以增强涂料的黏附能力，减少喷涂缺陷，提高修补质量。

一、原涂层与底材的判别

在进行新涂层的修补之前对车辆原涂层及底材进行判别是非常重要的，若原车涂层及底材的类型与修补涂层的类型不符，将会出现严重的涂层缺陷。因此，在涂装修补之前需对原涂层和底材进行准确的判别，并以此为依据，选用合适的操作工艺和适当的修补材料。

1. 原涂层的判别方法

涂抹溶剂法即用普通硝基稀释剂在原涂层上进行涂抹擦拭，通过观察有无溶解现象判断原涂层是否为溶剂挥发干燥型涂料。检查时应使用白色或蓝色的软布蘸上硝基稀释剂在破损涂层周围或在车身隐蔽部位轻轻擦拭，如果原涂层溶解，并在软布上留下痕迹，说明原涂层属于溶剂挥发干燥型；如果原涂层不溶解，说明原涂层属于烘干型或双组分型漆。丙烯酸聚氨酯型涂漆层不易溶解，但稀释剂会减弱漆面光泽。

2. 底材的判别方法

随着汽车制造业的发展，汽车车身表面所用的材料种类日趋多样化，对不同的底材在进行喷涂修复时需采用不同的操作，在施涂原子灰或侵蚀性底漆时也更应对底材有准确的判断，从而正确地选用涂料和施工工艺。因此，准确地判断底材是何种材料、何种类型，对车身修复有重要意义。

目前车身制造所用的金属板件主要有钢板、镀锌板、铝或铝合金。根据金属的不同性质可以对相应的底材做出正确判断。

（1）钢板的判断 钢板的机械强度较高，表面比较粗糙，未经加工的表面一般呈现灰色，有些部位会有铁锈存在。钢板表面经过粗糙砂纸打磨后会显露出白亮的金属光泽，但从侧面观察，颜色有些变暗。

（2）镀锌板的判断 钢板表面通过热浸涂或电镀的方法镀上一层锌，可大大提高表面的防腐能力。未经加工的镀锌板面有银色的光芒，有些镀锌板表面有鱼鳞状花纹。使用中的镀锌板表面没有锈渍，裸露部分呈现灰白色，经过砂纸打磨的地方比钢材表面更白亮且侧光变暗的程度也要轻一些。镀锌板不像钢板能耐碱的侵蚀，使用强碱浸润或涂抹时多会留下发黑的痕迹。

（3）铝和铝合金的判断 铝的机械强度较低，汽车上一般使用铝合金板材。铝合金板材的机械强度较好且轻，板材表面比钢板和镀锌板都要光滑，不耐强碱，经强碱浸润或涂抹后表面形成氧化膜，打磨后可露出白亮的内层金属。

通过打磨后涂抹强碱的方法，可以比较准确地区分底材类型。

二、底材的处理

在喷涂修复之前，首先要对原车需修补部位的底材、旧涂层进行必要的处理，一般需要进行打磨、清洁、防腐处理和填平等操作，下面简要介绍针对不同底材的处理方法：

1. 金属面的处理

根据裸金属的不同情况采用不同的处理方法。

1）对于质量较好或经过表面钣金修复后的裸金属，进行表面打磨即可。表面打磨的目的是去除修复表面上的锈蚀、油渍等，增加与其他涂层的结合力。打磨时采用机械干磨，可防止金属的二次锈蚀，同时采用双作用打磨机磨头配合 P80 ~ 120 号干磨砂纸，将金属表面打磨到完全裸露出白亮的新层即可，打磨后用气枪或吸尘器将打磨下来的锈渣和金属屑清理干净，准备下一道清洁工作。

2）对于表面质量较差、锈蚀比较严重的裸金属，可以用打磨机进行打磨去除锈蚀，对于已经锈化成孔的部位，一定要打磨干净或用锉刀等专用工具将锈孔内及四周的锈迹清除干净，然后再进行补焊。补焊部位同样要进行打磨。打磨后也要用高压空气或吸尘器将打磨下来的锈渣和金属屑清理干净，准备下一道清洁工作。

对裸金属进行打磨后要尽快喷涂其他涂层，对钢板和镀锌板打磨后要喷涂环氧底漆或封闭底漆，以提高底材的防腐能力和附着力。对特殊板材（如铝合金板）需要进行钝化处理，或喷涂专用底漆，这在进行喷漆时需要特别注意。

2. 良好旧涂层的处理

良好旧涂层的处理与裸金属的处理有些差异。裸金属需要全套地进行涂装工作，而良好的旧涂层需要根据情况只进行部分涂层修复，往往不需要进行处理。

对于底材表面没有大缺陷的旧涂层，一般情况下，面漆下面的涂层基本没有损坏或只有很少的地方需要修补，所以只要将涂层表面进行适当的打磨，磨掉已经氧化变差的一层，露出良好的底层即可。打磨时一般使用 P320～400 号干磨砂纸配合打磨机干磨，磨花旧涂层，以提高附着力。如果需要磨穿至裸金属，就要对裸金属进行打磨，并将裸金属的周围涂层向四周打磨开，使金属与原涂层的结合部形成很大的斜面（羽状边），即像羽毛的边缘那样极其平顺地过渡，切不可出现台阶，否则在重新喷涂后会出现非常明显的痕迹。

旧涂层的边缘是很厚的，特别是重新喷涂过和刮过原子灰的涂层，为了产生一个宽的、平滑的边缘，使施涂的各涂层平滑过渡，需要对涂层的边缘进行打磨，这步工序叫作磨缘，也叫作打磨羽状边。

打磨羽状边的基本操作过程如下：

① 穿戴好劳保防护用品。

② 将选定的干磨砂纸粘贴在双作用打磨机上，并调节好转速。

③ 将打磨机平放在工件上，让砂纸一半的面积正好压在旧漆边缘，另一半放在损伤区域内。

④ 起动打磨机，按照打磨机旋转的方向沿旧漆层边缘移动，将漆层边缘磨出合适宽度的坡口。

⑤ 检查打磨效果，确保所有边缘没有明显台阶，涂层边缘圆滑。

任务实施

喷漆前的表面处理的操作步骤流程与方法见下表。

前期准备		
操作步骤	操作示意图	说　明
1. 穿戴好劳保防护用品	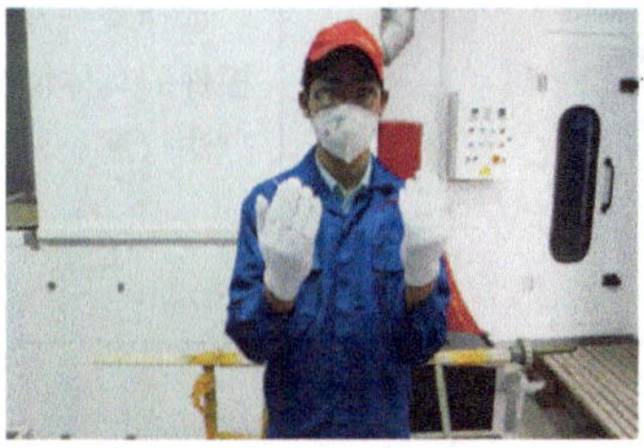	操作人员必须佩戴工作帽、防护眼镜、防尘口罩和棉纱手套等
2. 设备、工具及材料准备		需准备打磨机、原子灰、除油剂、炭粉、除油布、干磨砂纸和刮板等

（续）

安全检查		
操作步骤	操作示意图	说　明
1. 检查车轮挡块和驻车制动器		操作前的安全措施
2. 准备工作	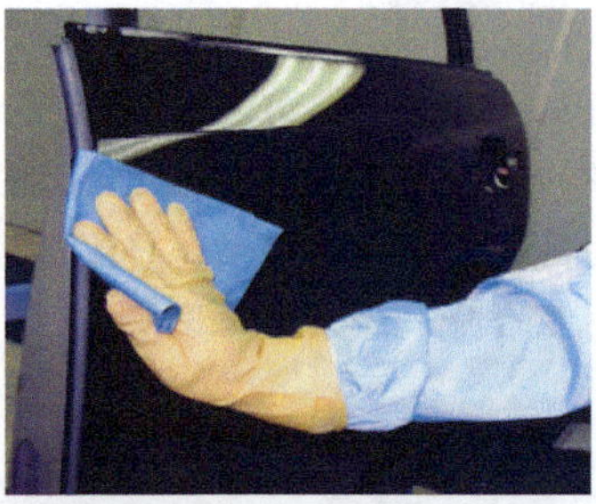	用除油布清洁工件，保持干燥

实施羽状边打磨		
操作步骤	操作示意图	说　明
1. 选择偏心距为6mm的磨头	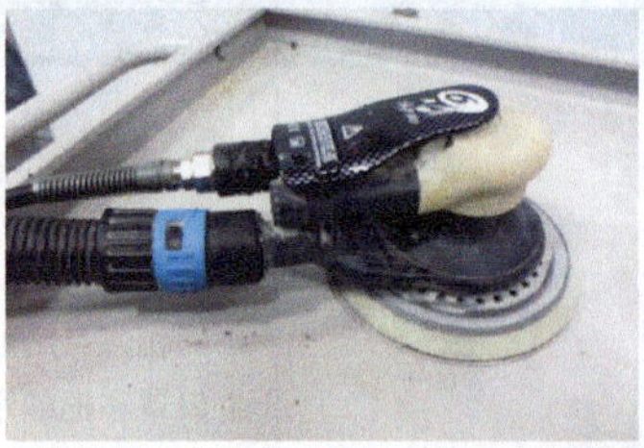	选择磨头并接上气管。打磨底材时，根据板件的具体情况，选用磨头结合手刨的打磨方法打磨
2. 选择干磨砂纸	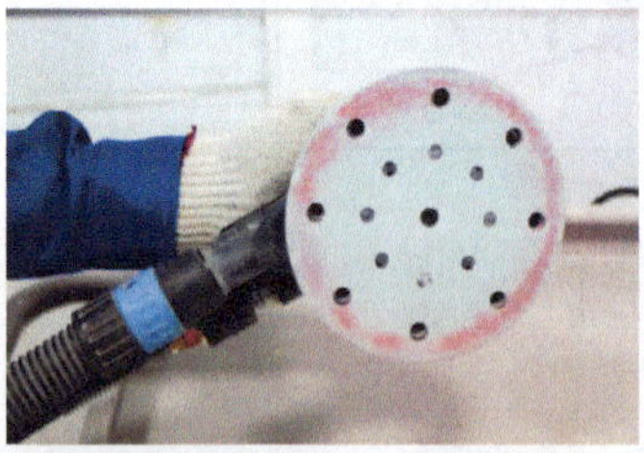	去除旧漆膜时，当底材是镀锌板时用不大于P80号的干磨砂纸，当底材是铝材塑料件、玻璃钢时用不大于P150号的干磨砂纸
3. 起动打磨机		将打磨机起动开关指向“A”档，即自动吸尘

（续）

实施羽状边打磨		
操 作 步 骤	操作示意图	说　　明
4. 调整打磨头转速		在开始打磨时将转速调整开关拨到中间位置，在打磨过程中进行适当的调整
5. 将损伤区的旧漆膜去除		打磨头托盘接触工件后，再起动打磨机；打磨时，将打磨头与工件的角度控制在5°～10°范围内；打磨时不要大力压打磨头。对于凹陷处，打磨机磨不到的，可以用手工进行打磨
6. 选择砂纸进行打磨	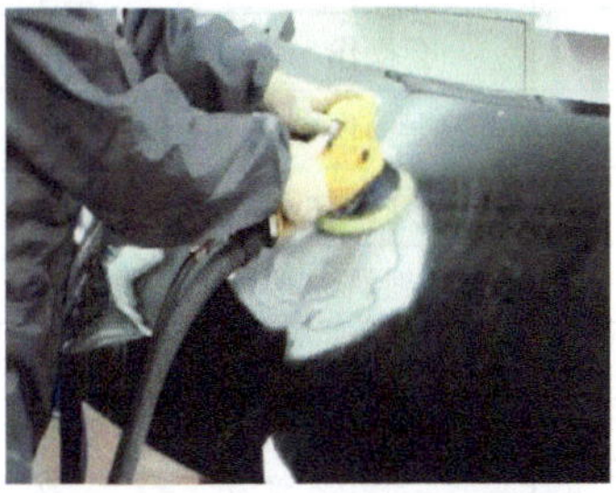	打磨羽状边选择砂纸的顺序是P80号、P120号、P180号、P240号，也可以用P150号代替P120号和P180号两种型号砂纸打磨，一般原则是，两个砂纸之间跳号不超过100号
7. 检查打磨效果	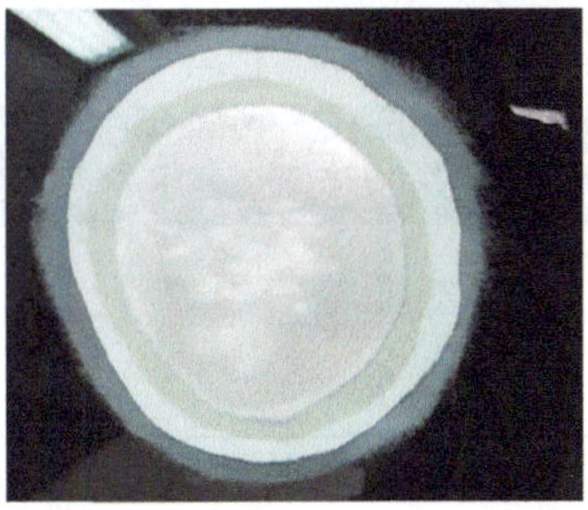	打磨后用手触摸的方式从各方向检查过渡是否平滑，确保所有边缘没有明显台阶，涂层边缘圆滑
8. 选择大号砂纸进行细磨	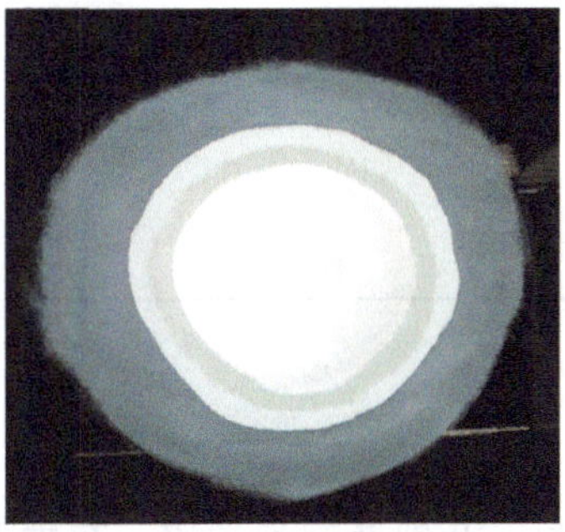	用P240号砂纸打磨的作用是去除P150号砂纸打磨痕迹，使羽状边过渡更加平滑；打磨结束后，羽状边要形成规则，各个面过渡应平顺，羽状边的长度（根据漆膜厚度）控制在1～3cm范围内，面漆上的磨毛区宽度控制在3～5cm范围内，以方便下一步刮灰

（续）

实施羽状边打磨		
操作步骤	操作示意图	说明
9. 清洁工件	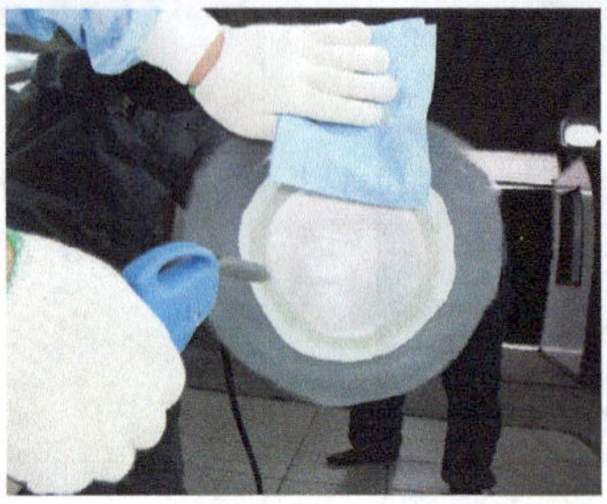	用吹尘枪和擦拭布清洁工件表面至干净，完成表面预处理

评价反馈

考核项目		评分标准	学生自评	小组互评	教师评价	小计
知识目标	了解常用材料的特点及前处理方法	能完整叙述				
	打磨砂纸的选用	能完整叙述				
技能目标	正确使用打磨工具进行打磨	会操作				
	羽状边打磨操作方法	会操作				
素质目标	安全、规范操作	做到做好				
	操作步骤、流程正确完整	正确熟练				
	团队合作	是否和谐				
	现场6S	是否做到				
总评						

任务四 原子灰的刮涂与打磨

学习目标

知识目标	1. 明确原子灰的作用及汽车用原子灰的要求； 2. 了解常用原子灰的种类与用途。
技能目标	1. 正确地使用和维护相关的工具和设备； 2. 熟悉原子灰刮涂的方法、流程； 3. 熟悉原子灰打磨的方法、流程； 4. 掌握原子灰打磨时干磨砂纸的选择。

任务描述

某品牌汽车使用了五年，漆面出现划痕、开裂及起泡缺陷，车主要求重新修补喷涂处理，

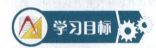

在喷涂之前要进行表面前处理及刮涂原子灰与打磨。通过本任务的学习，学会原子灰的刮涂与打磨。

知识准备

一、概述

经过钣金修复的车身表面还要进行涂装，为了达到涂装的要求，需对损伤区域刮涂原子灰并打磨。原子灰的刮涂与打磨是喷涂作业中一个重要的环节，原子灰施工的好坏直接影响涂层最终表面的质量。所以，掌握原子灰刮涂与打磨技能是掌握车身修复技术的基础。

原子灰能使损坏的底材恢复到损伤前的形状，这是一种低成本的修补方法，但刮涂原子灰不能代替钣金修复的其他工作。一般经过钣金修复的车身要达到一定的要求，如表面的平整度不超过2mm，底材不应有裂口和焊缝等。否则，过厚的原子灰会降低涂层的性能，裂口和焊缝会吸入潮气破坏原子灰与金属的结合，而且汽车在行驶中的振动和应变，也会使原子灰开裂、脱落。所以，原子灰的厚度一般不超过5mm。

二、车身修补用原子灰的特性

1）与底漆、中涂底漆及面漆有良好的配套性，不发生咬底、起皱、开裂和脱落等现象，有较强的层间粘合力。

2）具有良好的刮涂性能。垂直面刮涂性能良好，无流淌现象，附着力好，刮涂时原子灰不反转，薄刮时原子灰层光滑。

3）打磨性能良好。原子灰层干燥后软硬适中，易打磨，不粘砂纸。

4）干燥性能良好，在规定时间内能达到符合干燥、打磨的要求。

三、原子灰的种类

根据车身修复的目标，可将原子灰分为聚酯原子灰、硝基原子灰、塑性原子灰、玻璃纤维原子灰和其他原子灰。

四、刮涂原子灰的工具

刮板是刮涂原子灰的主要手工工具，按其材料成分的不同，可分为塑料刮板、橡胶刮板和钢片刮板；按其软硬程度的不同，可以分为硬刮板和软刮板。

五、原子灰的干燥

（1）自然干燥　新刮涂的原子灰由于其自身的反应放热固化速度较快，一般刮涂完工20～30min后就可打磨。

（2）红外线烤灯干燥　如果环境温度太低或者空气湿度太大，原子灰干燥固化速度就会减慢。为了缩短原子灰的干燥时间，可以借用干燥器或者是红外线烤灯加热原子灰进行干燥。一般烘烤时间设定为10min左右，在烘烤过程中，要不断检测板件的温度，并检查原子灰是否已经干燥。

六、打磨原子灰

由于刮涂完的原子灰比基准面高，而且表面比较粗糙，所以需要将原子灰打磨至与基准面一样高，并将表面打磨平整光滑，才能进行后续涂层的涂装。打磨原子灰时可以采用机械干磨与手工干磨的方法进行打磨。由于原子灰有很强的吸水性，所以绝对禁止采用水磨。

一般原子灰的打磨方法如下：

1）将炭粉均匀地涂抹到原子灰上，将 P80 号砂纸装到 6mm 偏心距的双作用干磨机，在原子灰范围内进行交叉粗磨，一般打磨至平整度的六七成即可。

2）涂抹炭粉指示层，依次将 P120、P180 号砂纸装到手磨垫块上进行中等程度的打磨，此时打磨至平整度的九成左右即可。打磨过程中一边用手触摸，以确认表面状况，一边仔细打磨，防止打磨过度或打磨变形。

3）涂抹炭粉，将 P240 号砂纸装到手磨垫块上，对原子灰及边缘的地方进行平整打磨，直至彻底打磨平整，原子灰边缘部位要求平滑无阶梯。

任务实施

原子灰的刮涂与打磨操作步骤流程与方法见下表。

前期准备		
操作步骤	操作示意图	说明
1. 穿戴好劳保防护用品	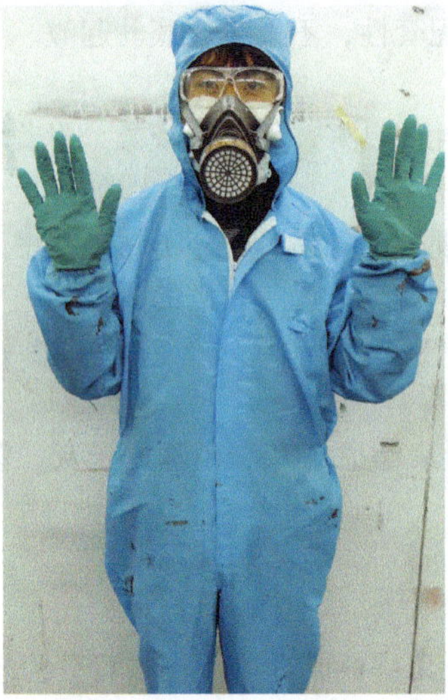	刮涂原子灰必须佩戴工作帽、防护眼镜、防毒面罩、防溶剂手套、喷漆服
2. 设备、工具及材料准备		刮板、除油布、除油剂、原子灰、炭粉、干磨砂纸等

（续）

安全检查		
操作步骤	操作示意图	说　明
1. 检查车轮挡块和驻车制动器		操作前的安全措施
2. 准备工作	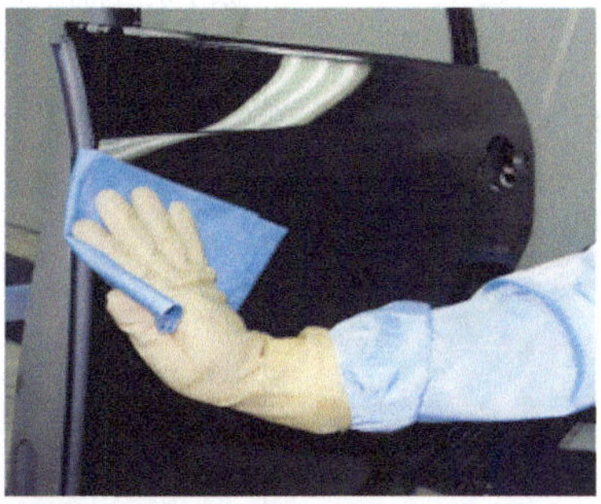	用除油布清洁工件，保持干燥
刮涂原子灰		
操作步骤	操作示意图	说　明
1. 将桶内原子灰调匀	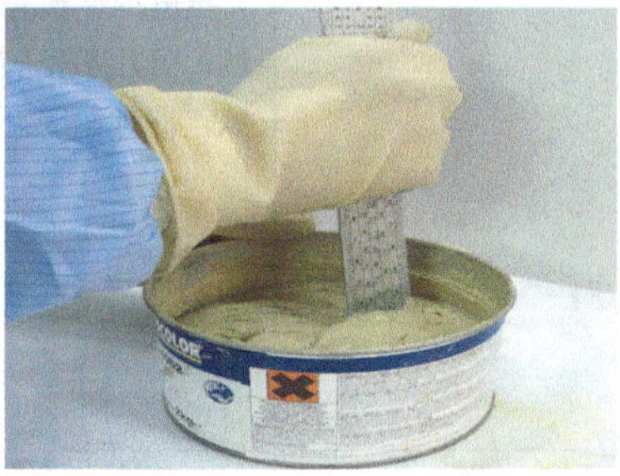	用钢直尺或搅拌杆将原子灰搅拌均匀，对于装在软管中的固化剂可以采用挤压的方法使其混合均匀
2. 按比例添加固化剂	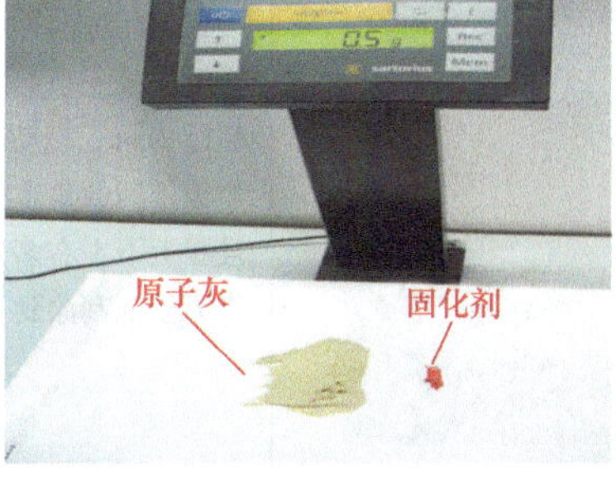	打开电子秤，将调灰盘平放在电子秤的托盘上，然后将电子秤清零。根据估计的量用刮板挑出原子灰，置于调灰盘上，根据所取原子灰的量，按其与固化剂的比例为100∶2或100∶3加入固化剂

（续）

刮涂原子灰		
操作步骤	操作示意图	说　明
3. 调和原子灰		抓住刮板，轻轻提起其端头，再将它滑入原子灰下面，然后将它向调灰板左侧提起。利用刮板右边为支点，在刮板挑起大约1/3原子灰后将刮板翻转至其他原子灰上面，如此重复地调和，在此过程中注意观察混合物颜色的均匀程度，直到原子灰充分调和
4. 刮涂原子灰	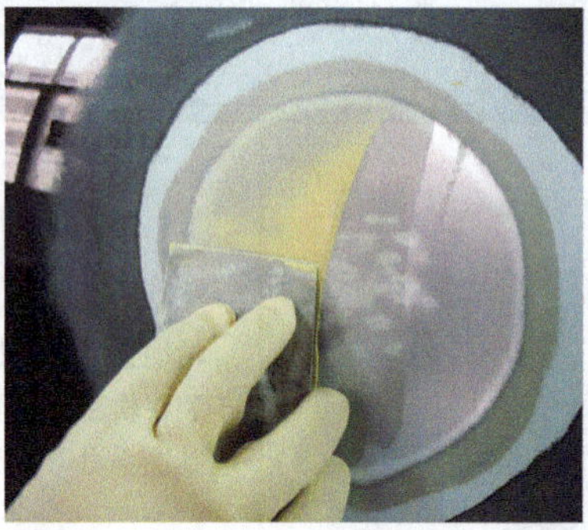	挑出少许混合好的原子灰填充在变形区域；用力将原子灰按顺序压实薄刮到变形区域；将刮涂的原子灰边缘部位刮薄，形成平滑的边缘
5. 第二遍刮涂原子灰		根据凹坑的形状，通过多次刮涂填补将凹坑层深处先填起来。每次刮涂的厚度都不应超过2mm，以防止砂眼和气孔的产生。刮板与板件间的角度控制在35°～45°范围内，并且要上下左右多角度进行刮涂，但必须避免将原子灰刮涂到打磨范围外

（续）

刮涂原子灰		
操作步骤	操作示意图	说　　明
6. 刮涂完毕，要清洗工具	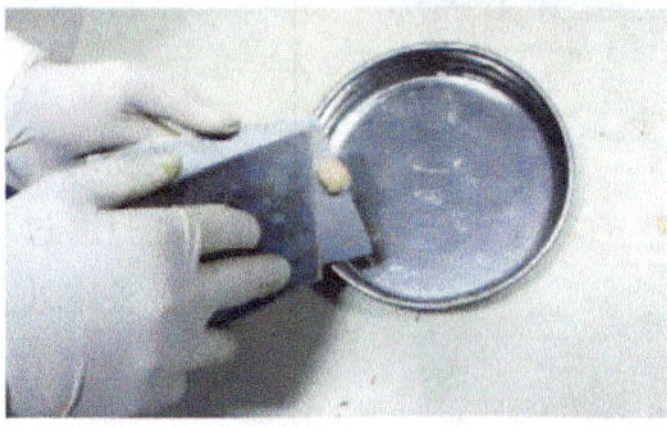 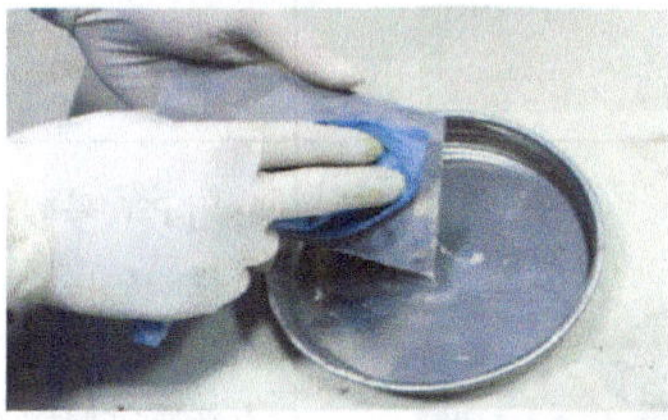	将多余的原子灰放到有水的容器内回收，用稀释剂清洗刮涂工具
7. 干燥原子灰		利用加热设备对刮涂部位进行烘烤，它可有效地缩短干燥时间。在烘烤原子灰时常采用的加热设备是红外线烤灯

打磨原子灰		
操作步骤	操作示意图	说　　明
1. 穿戴好劳保防护用品	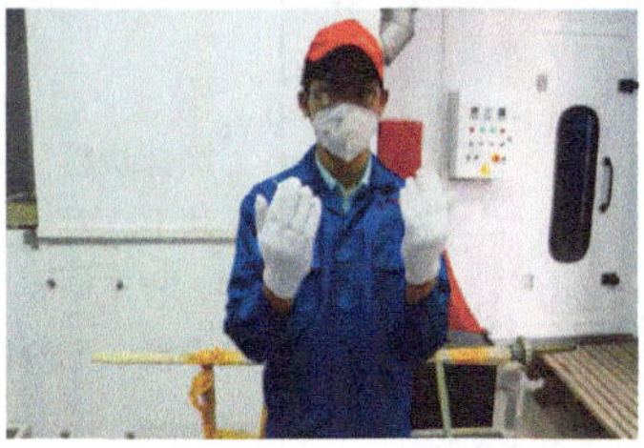	着整洁干净的工作服，不能穿有拉链和明扣的衣服，需佩戴工作帽、防护眼镜、防尘口罩和棉纱手套
2. 检查干燥程度	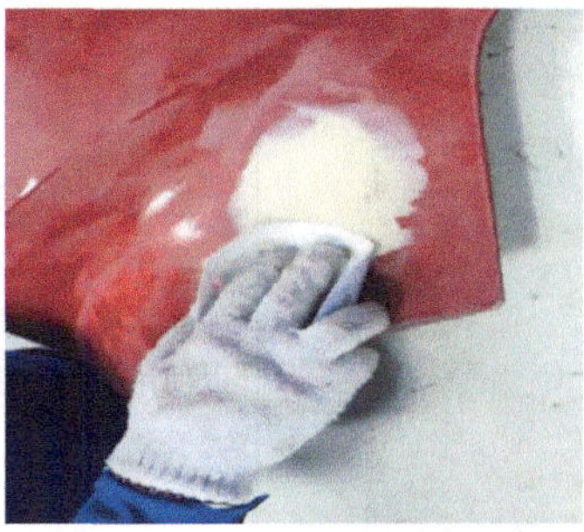	停止并移开红外线烤灯，使用P240号砂纸在原子灰边缘轻轻打磨，如果有原子灰粉尘出现，说明原子灰已经干燥，可以进行打磨

（续）

打磨原子灰		
操作步骤	操作示意图	说　明
3. 涂抹炭粉		将炭粉均匀地涂抹在原子灰表面上，这样能够在打磨过程中直观地看出打磨程度，发现不平整之处。每更换一次砂纸要重新涂抹炭粉一次
4. 粗磨原子灰	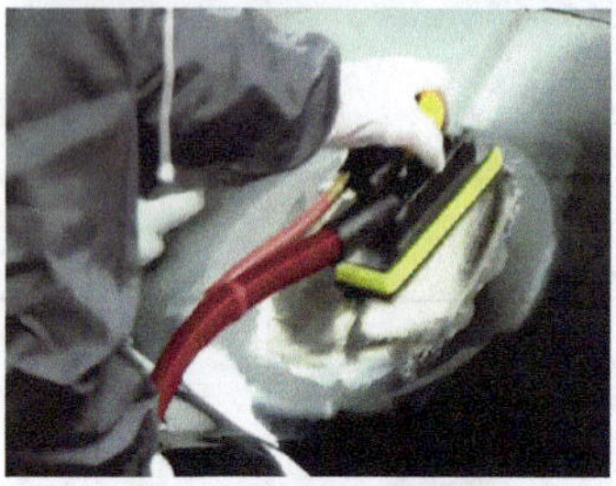	用P80号砂纸粗磨原子灰。打磨头与原子灰接触后再起动打磨头，打磨时速度不要太快，时刻调整打磨角度，并不时用手触摸的方法感觉原子灰的平整度。粗磨时只能在原子灰上面打磨，打磨时采用“米”字或“井”字形打磨手法。不可以打磨到面漆上面，粗磨只求初步平整，不求光滑
5. 中磨原子灰	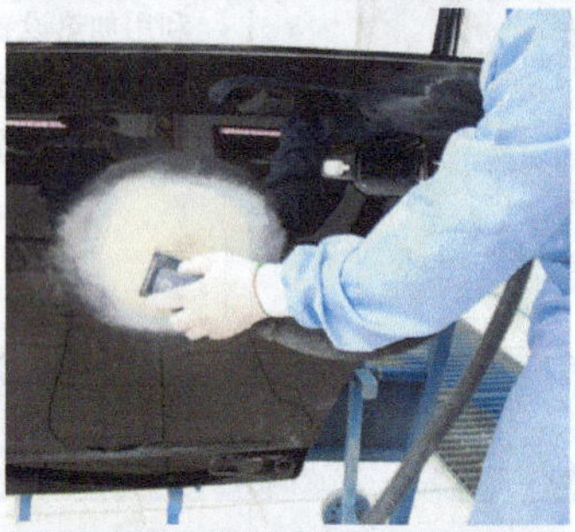	涂抹炭粉，依次将P120、P180号砂纸装到手磨垫块上进行中等程度的打磨，此时打磨至平整度的九成左右即可。打磨过程中一边用手触摸，以确认表面状况，一边仔细打磨，防止打磨过度或打磨变形
6. 精磨原子灰	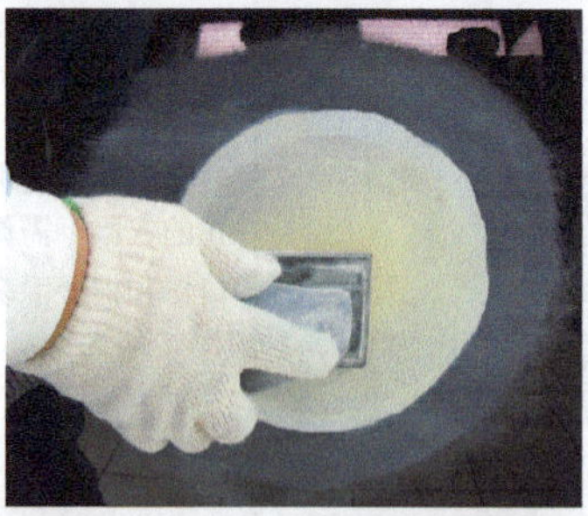	涂抹炭粉，将P240号左右的砂纸装到手磨垫块上，对原子灰及边缘的地方进行平整打磨，直至彻底打磨平整。原子灰边缘部位要求平滑、无阶梯
7. 打磨飞边区域	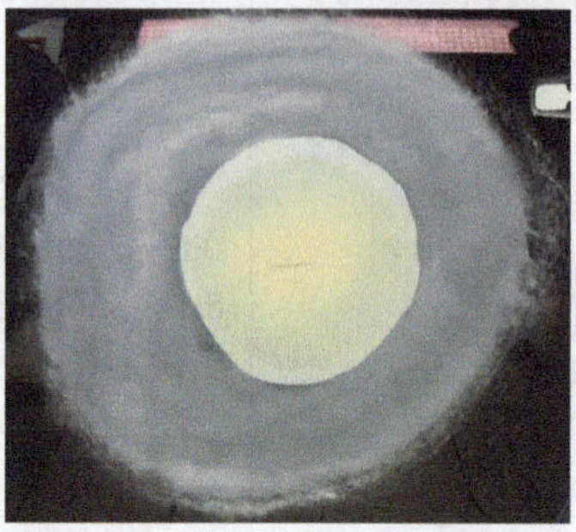	选用P320号砂纸及3mm双作用打磨机，打磨从原子灰边缘至周边15cm的飞边区域，为喷涂中涂底漆做准备。难以打磨的位置可以使用海绵砂纸或菜瓜布进行打磨

评价反馈

考核项目		评分标准	学生自评	小组互评	教师评价	小　计
知识目标	明确原子灰的作用及汽车用原子灰的要求	能完整叙述				
	了解常用原子灰的种类与用途	能完整叙述				
技能目标	正确使用打磨工具进行打磨	会操作				
	熟悉原子灰打磨的方法、流程	会操作				
素质目标	安全、规范操作	做到做好				
	操作步骤、流程正确完整	正确熟练				
	团队合作	是否和谐				
	现场6S	是否做到				
总　评						

任务五　中涂底漆的喷涂与打磨

学习目标

知识目标	1. 明确中涂底漆的作用； 2. 掌握打磨的步骤与顺序。
技能目标	1. 熟悉中涂底漆的喷涂方法及流程； 2. 根据工艺正确进行打磨工作； 3. 正确使用和维护相关的工具和设备。

任务描述

某品牌汽车使用了五年，漆面出现划痕、开裂及起泡缺陷，车主要求重新修补喷涂处理，在喷涂前要进行表面处理及刮涂原子灰与打磨。通过本任务的学习，学会中涂底漆的喷涂与打磨。

知识准备

一、概述

经过原子灰层修复的车门，已经恢复了表面的平整度，但是表面还是存在一定的细小缺陷，如针孔、细划痕等，应在面漆喷涂之间进行适当的处理，以满足面漆涂装的要求；主要作用是增加面漆涂层与下面涂层的附着力，提高面漆涂层的平整度和丰满度；起到隔绝和封闭下面涂层，防止面漆往下渗透产生涂层缺陷；同时也有填充针孔、细小划痕和细小缺陷的能力等。

汽车用中涂底漆应具有如下性能：

1）有良好的配套性和附着力。

2）有良好的打磨性和耐水性。湿磨后表面平整光滑，无起皱、脱皮等，局部涂层边缘平滑性好，无接口痕迹。

3）有良好的填充性能。

4）有良好的隔离性能。

5）能提供给面漆层一个吸附性一致的涂面，同时由于具有良好的防渗透性，可以提高面漆的光泽度，因此可以极大地提高面漆的装饰性。

6）有良好的施工性能，如温度适应性、干燥迅速和施工容易等。

二、进行遮蔽及脱脂

遮蔽又称为贴护，是在实施喷涂之前所进行的重要工作之一，即用遮盖材料将所有不需喷涂的部位或部件进行遮蔽，防止喷涂过程中的污染，有时也用遮盖的方法对施工区域进行隔离，以便操作。

1）选择专用的遮蔽纸。专用的遮蔽纸不容易黏附灰尘，耐溶剂性及耐渗透性强，使用简单方便。遮蔽纸长度应稍大于工件遮蔽区的长度。

2）采用反向贴护的方法。这种方法可以减少“台阶”，让新涂层与旧涂层的边界过渡平滑。先将遮蔽纸盖在待喷涂的部位，然后用胶带粘住遮蔽纸的一边。

3）用手指摁压，小心地将工件边缘部分胶带充分贴合。

4）将遮蔽纸沿着固定的一边为轴翻转到非喷涂区域固定，使遮蔽纸原来的里面朝外、外面朝里。

5）将遮蔽纸整理平整，使反转部位自然卷曲，不能用手挤压。反方向遮蔽可以避免中涂底漆喷涂过度时出现的阶梯。

6）用胶带将边角的遮蔽纸固定。

三、调配中涂底漆

根据工件的大小倒入一定量的中涂底漆，倒漆时应仔细观察漆杯中油漆的位置。中涂底漆与固化剂、稀释剂的比例应根据油漆供应商的产品说明书（如5:1:1或4:1:1）调配。

四、喷涂中涂底漆

在喷涂中涂底漆之前需要对工件进行清洁处理，由于中涂底漆的施工黏度比较大，所以应选用口径较大的喷枪，1.5～1.8mm口径最为理想。喷涂中涂底漆时应注意以下四点：压力、重叠、速度和距离。每遍喷涂间隔时间为5～10min（常温），全部喷涂完毕后静置5～10min，然后按要求加温到适当温度并保持足够的干燥时间，待完全干燥后即可进行打磨。

五、打磨中涂底漆

面漆的好坏大多数情况下取决于中涂底漆打磨工艺的好坏，打磨时会直接接触到金属的表面，同时打磨的平整度及砂纸打磨的顺序都会影响最后面漆的好坏。由于中涂底漆一般有较好的封闭性，能防止水分子渗透，所以中涂底漆既可干磨，也可湿磨。

任务实施

中涂底漆喷涂与打磨的操作步骤流程与方法见下表。

前期准备

操作步骤	操作示意图	说　明
1. 穿戴好劳保防护用品	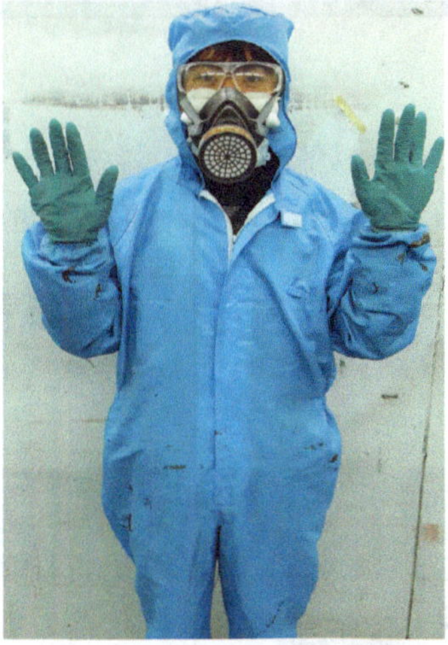	穿整洁干净的工作服，不能穿有拉链和明扣的衣服，需佩戴工作帽、喷漆服、防护眼镜、防毒面罩、防尘口罩、溶剂手套和棉纱手套等
2. 设备、工具及材料准备	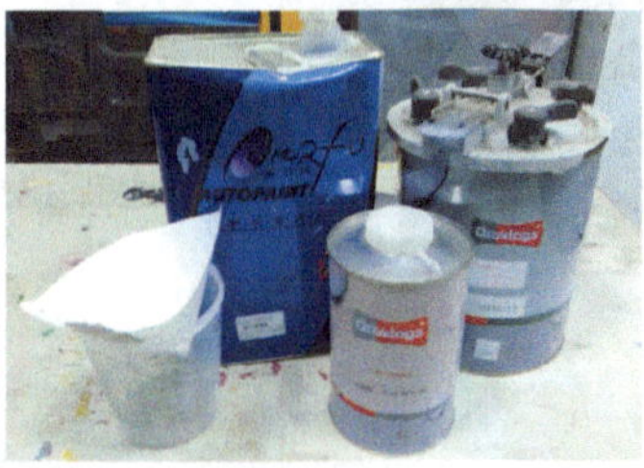	准备好底漆喷枪、中涂底漆、调漆杯、稀释剂、固化剂、纸漏斗和比例尺

安全检查

操作步骤	操作示意图	说　明
检查车轮挡块和驻车制动器		操作前的安全措施

进行遮蔽及脱脂

操作步骤	操作示意图	说　明
1. 进行遮蔽		用风枪及干净的擦拭布将工件清洁干净，按照反向遮蔽的方法将工件贴护好

（续）

进行遮蔽及脱脂		
操作步骤	操作示意图	说明
2. 进行脱脂	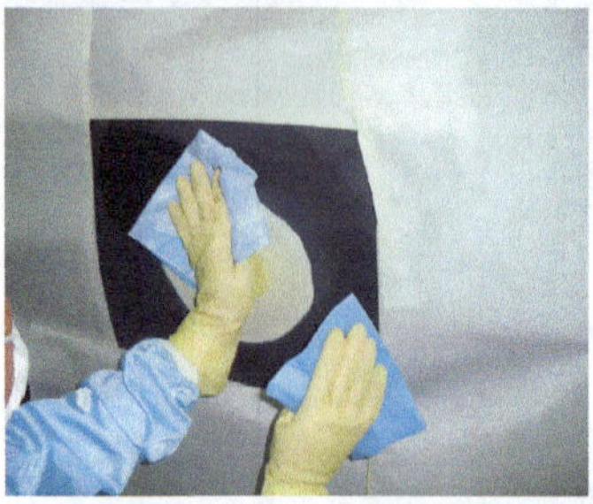	更换防护用品后，对打磨的原子灰进行脱脂处理

调配中涂底漆		
操作步骤	操作示意图	说明
1. 调配中涂底漆	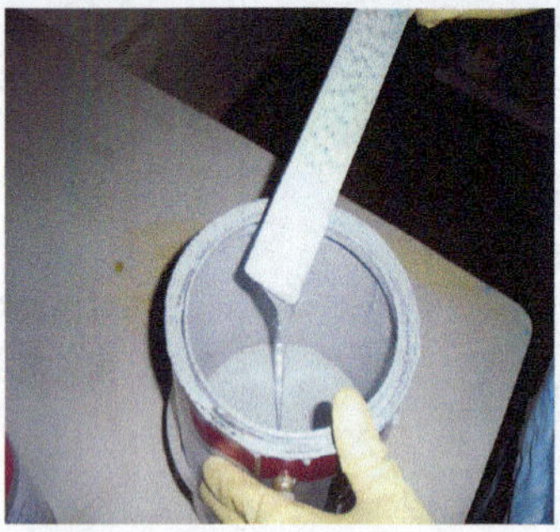	穿戴好劳保防护用品，用调漆尺或搅拌杆将底漆彻底搅拌均匀
2. 倒出适量的中涂底漆		按照喷涂的面积所需要的量，将底漆倒入合适的容器或量杯

喷涂中涂底漆		
操作步骤	操作示意图	说明
1. 喷涂第一遍中涂底漆	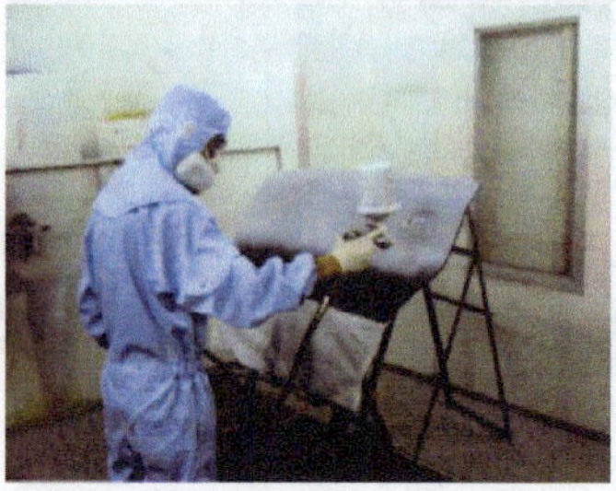	为了提高涂层的亲和力，避免产生不良反应，先将原子灰与旧涂层结合部位雾喷一层即可

（续）

喷涂中涂底漆		
操作步骤	操作示意图	说　明
2. 喷涂第二遍中涂底漆	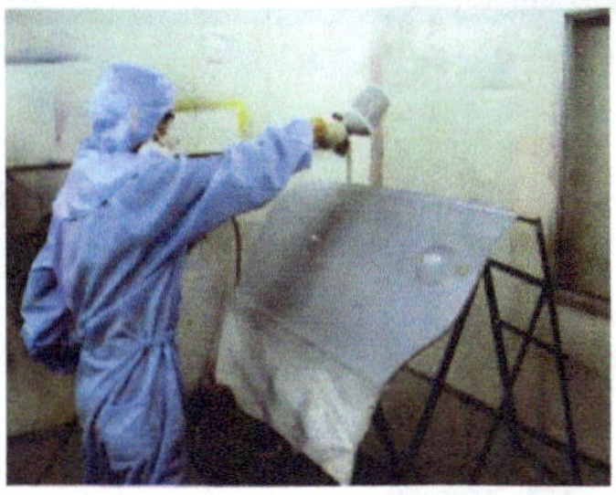	待第一层充分闪干，涂层没有出现不良反应后，将整个原子灰及原子灰周围的区域薄喷一层，至半光泽状态即可
3. 喷涂第三遍中涂底漆	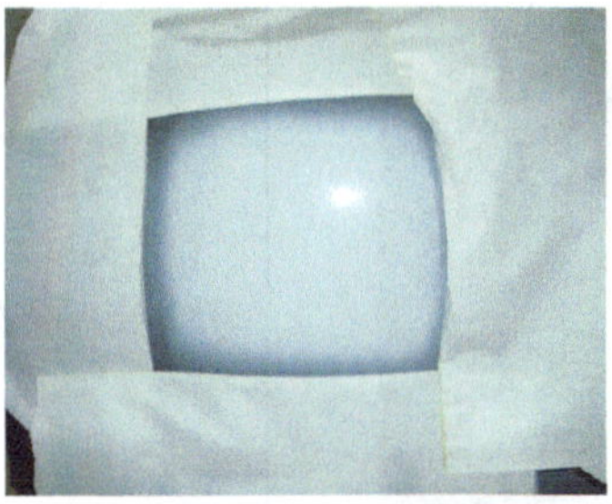	待第二层涂料充分闪干，涂层没有出现不良反应后，扩大喷涂范围，将整个损伤区域正常湿喷一层

打磨中涂底漆		
操作步骤	操作示意图	说　明
1. 涂抹炭粉	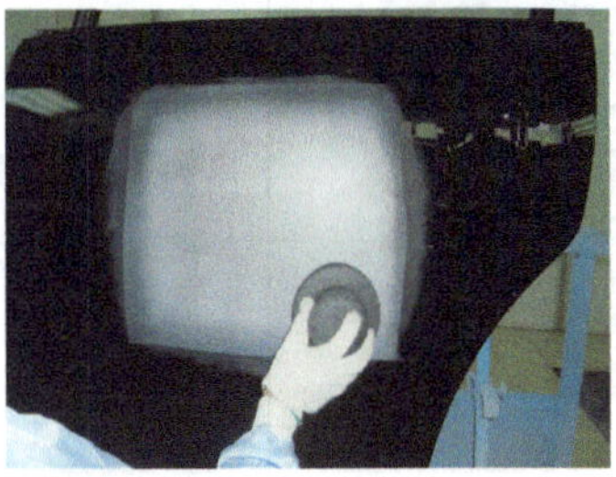	穿戴好劳保用品，在中涂底漆上面涂炭粉指示层
2. 手工打磨不平整地方	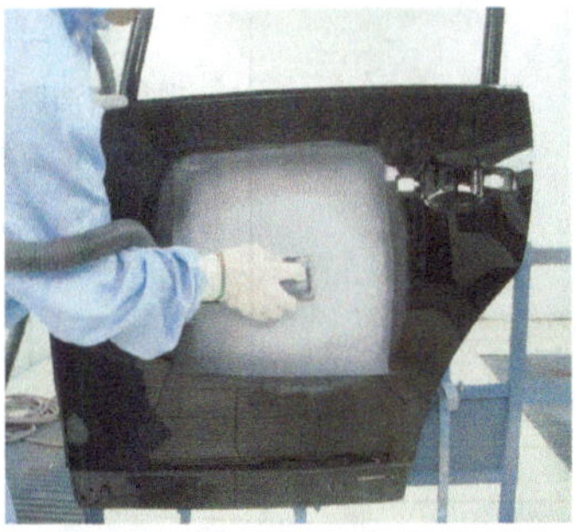	使用手工打磨块配合 P360 号砂纸将中涂底漆不平整的地方打磨平整

（续）

打磨中涂底漆		
操作步骤	操作示意图	说　　明
3. 用P400号砂纸打磨	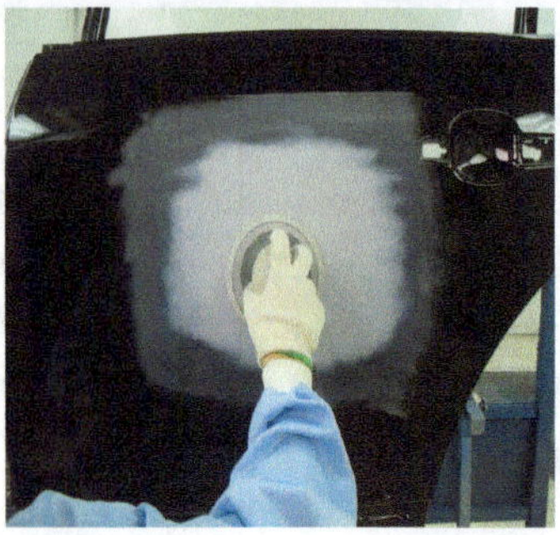	涂指示层，使用3mm双作用打磨机配合P400号砂纸磨光中涂底漆，同时将中涂底漆边缘磨薄
4. 用P500号砂纸打磨	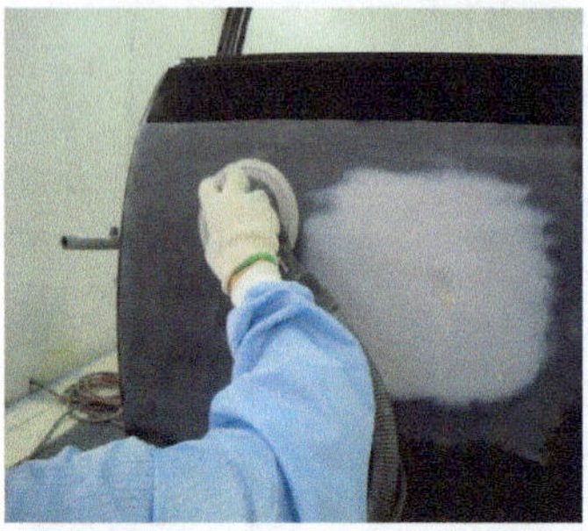	使用3mm双作用打磨机配合P500号砂纸打磨中涂底漆及其周围需要喷涂面漆的部位
5. 用海绵砂纸或菜瓜布打磨边缘	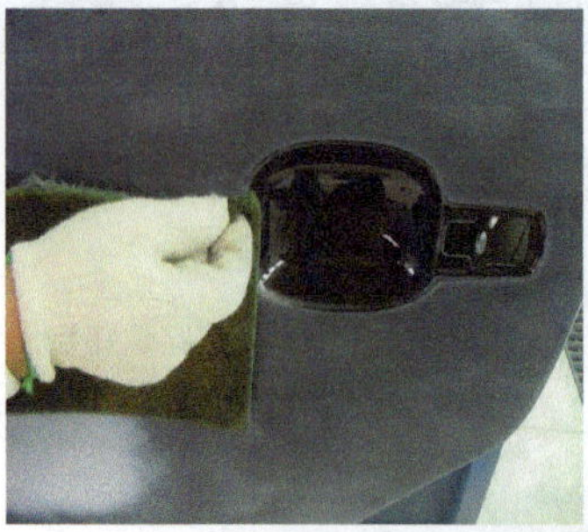	对于工件边缘或机械不好打磨的位置，应该采用手工打磨的方法打磨彻底
6. 清洁	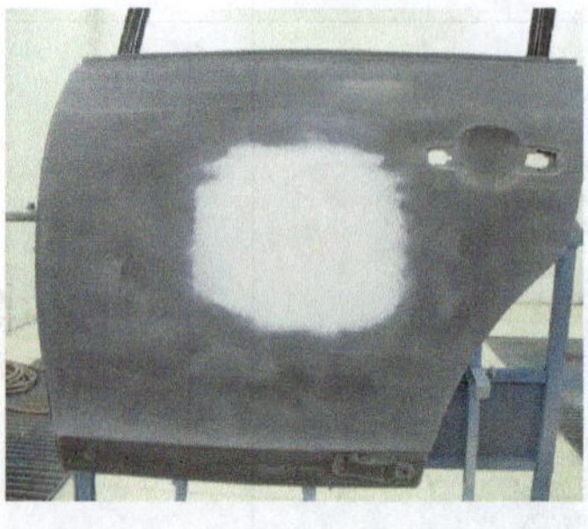	进行清洁脱脂处理。一般只需要打磨到没有光泽，没有桔皮，平整光滑即可，尽量不要磨穿旧涂层，否则容易出现咬底、起皱等缺陷

评价反馈

考核项目		评分标准	学生自评	小组互评	教师评价	小　计
知识目标	明确原子灰的作用及汽车用原子灰的要求	能完整叙述				
	了解常用原子灰的种类与用途	能完整叙述				
技能目标	熟悉中涂底漆的喷涂方法及流程	会操作				
	根据工艺正确进行打磨工作	会操作				
素质目标	安全、规范操作	做到做好				
	操作步骤、流程正确完整	正确熟练				
	团队合作	是否和谐				
	现场 6S	是否做到				
总　评						

任务六 面漆的喷涂

学习目标

知识目标	1. 了解面漆的作用及分类； 2. 了解面漆喷涂流程。
技能目标	1. 能按要求进行面漆喷涂； 2. 掌握汽车修补面漆的调配和喷涂方法； 3. 正确使用和维护相关的工具和设备。

任务描述

某品牌汽车使用了五年，漆面出现划痕、开裂及起泡缺陷，车主要求重新修补喷涂处理，经过清洁脱脂、表面预处理、底漆、原子灰、中涂底漆处理的车门，其表面已经恢复了原来的形状，那么就可以进行最后一遍面漆的喷涂。通过本任务的学习，学会面漆的喷涂。

知识准备

一、概述

面漆是位于车身最外层的漆膜，是涂层组合中唯一可见部分，起着装饰、标志和保护底材的作用。它直接与各种气候条件及有害物质接触，是阻挡侵蚀的第一层。首先，耐候性是面漆的一项重要指标，要求面漆在极端温变湿变、风雪雨雹的气候条件下不变色、不失光、不起泡和不开裂；其次，外观是漆面的另一项指标，要求漆膜外观丰满、无桔皮、流平好，从而使汽车车身具有高质量的外观。另外，漆面还应具有足够的硬度、抗石击性、耐化学品性、耐污性和耐蚀性等性能，使汽车外观在各种条件下保持不变。

二、按照施工工序分类

面漆按照施工工序可分为单工序面漆、双工序面漆和三工序面漆。

一般单工序面漆的颜色比较单调，但容易调色；而双工序面漆和三工序面漆的颜色效果比较丰富，但施工及修补复杂，调色较难。

三、按照面漆颜色效果分类

1）纯色漆也叫作素色漆，是将各种颜色的颜料研磨得非常细小，均匀地分散在树脂基料中而制成的各种颜色的涂料。纯色漆可以制成单工序或双工序的涂料。

2）金属漆是以金属粉颗粒和普通着色颜料混合加入树脂基料中而制成。经过金属漆涂装后的工件表面看起来更加晶莹闪亮，而且在不同的角度下，由于光线的折射，整车外观造型看起来更丰富、更有层次感。一般采用双工序施工，对于遮盖力较差的金属漆也有采用三工序的施工方法的。

3）珍珠漆是根据天然珍珠的原理，在片状的云母片上加上不同厚度的钛白粉或氧化铁等无机氧化物，做成细薄片状，加入油漆中，当光线照在这些人造珍珠片上时，就可以产生类似珍珠的彩虹效果。珍珠漆一般遮盖力较差，在喷涂之前需要先喷涂一道底色，用来衬托珍珠的颜色效果，所以一般采用三工序的做法。

在调色之前一定要判断清楚原来面漆的类型，是什么颜色，采用的是几工序的做法，在调色时尽量采用与原漆相同的工艺，这样可以使修补出来的效果更接近原漆原色。

四、双工序涂层

双工序涂层由底色漆层和罩光清漆层组成，双工序涂料的调配包含底色漆的调配和罩光清漆的调配两个方面。

（1）底色漆的调配 双工序涂层中的底色漆使用的是单组分产品，直接添加合适量的稀释剂，调整好黏度就可以了。不同品牌及同一品牌不同型号的涂料添加的稀释剂比例有所不同，同时也要根据施工温度及面积选择合适的型号产品。

（2）罩光清漆的调配 罩光清漆一般使用的也是双组分丙烯酸聚氨酯类型的涂料，所以它和单工序双组分涂料的调配方法相同。在调配时需要注意每种产品都有配套的固化剂及稀释剂，在不确定的情况下，最好不要混用。固化剂与稀释剂要根据施工工艺、施工温度及具体条件来选用。

任务实施

面漆的喷涂操作步骤流程与方法见下表。

前期准备		
操作步骤	操作示意图	说明
1. 穿戴好劳保防护用品	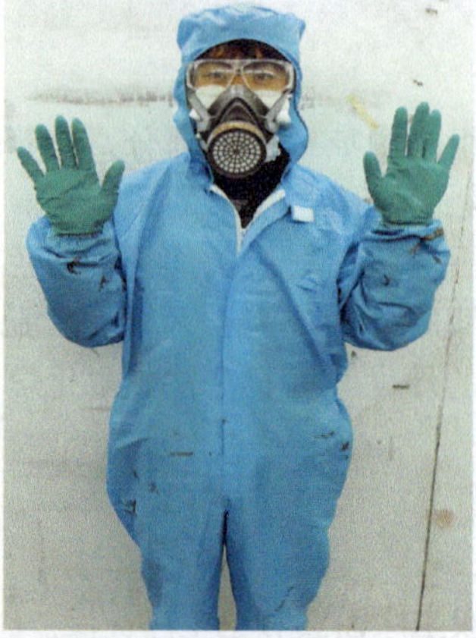	着装整洁干净的工作服，不能穿有拉链和明扣的衣服，需佩戴工作帽、喷漆服、防护眼镜、防毒面罩、防尘口罩、溶剂手套和棉纱手套等

（续）

前期准备		
操作步骤	操作示意图	说明
2. 设备、工具及材料准备		准备好面漆喷枪、除油剂、稀释剂、色漆、清漆、调漆杯、纸漏斗、除油布、比例尺等
安全检查		
操作步骤	操作示意图	说明
检查车轮挡块和驻车制动器		操作前的安全措施
面漆的喷涂		
操作步骤	操作示意图	说明
1. 底色漆的调配		将之前调好颜色的涂料用搅拌机搅拌均匀
2. 倒入适量色漆		按照喷涂的面积所需要的量，将涂料倒入合适的容器或量杯当中

（续）

面漆的喷涂		
操 作 步 骤	操作示意图	说　　明
3. 添加稀释剂	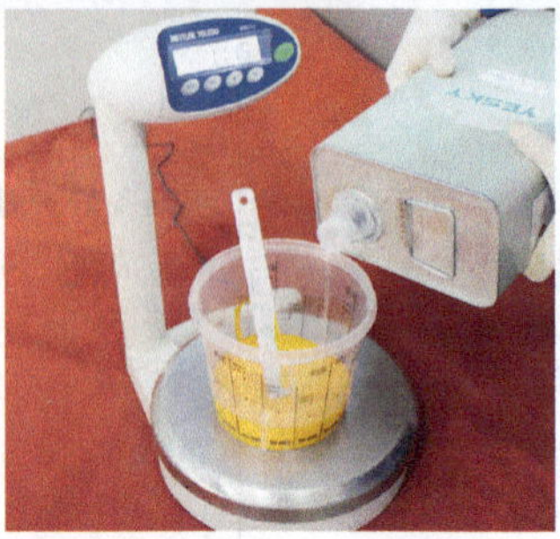	按照具体产品的比例添加合适量的稀释剂。要根据施工温度及面积选择合适的型号产品
4. 添加稀释剂进行搅拌	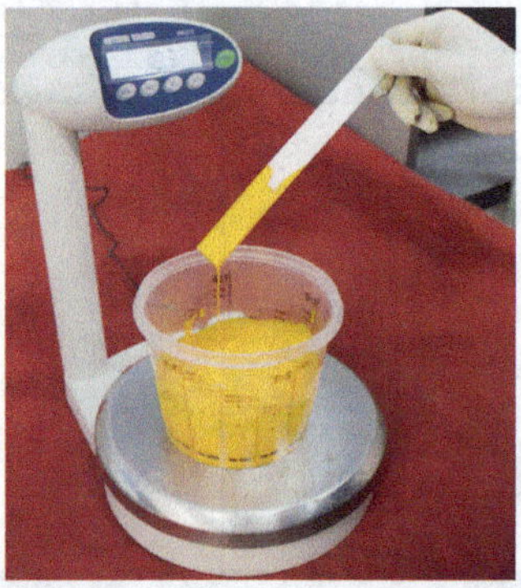	双工序涂层中的底色漆使用的是单组分产品，直接添加合适量的稀释剂，调整好黏度就可以了。不同品牌及同一品牌不同型号的涂料添加的稀释剂比例有所不同
5. 选择合适的喷枪	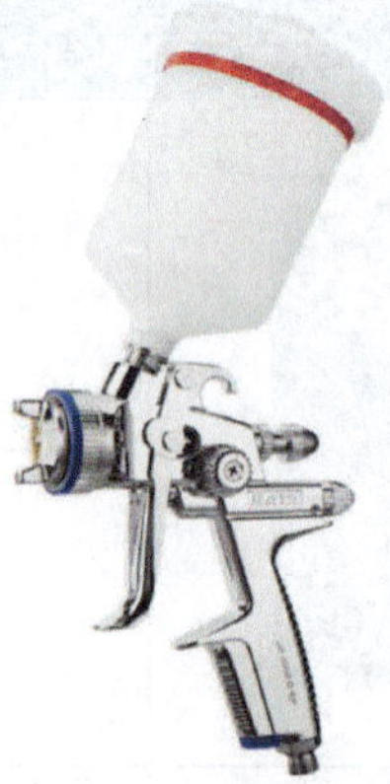	根据涂料特点和产品技术说明，选择合适口径的面漆喷枪（一般选择口径为1.3mm）
6. 倒入喷枪	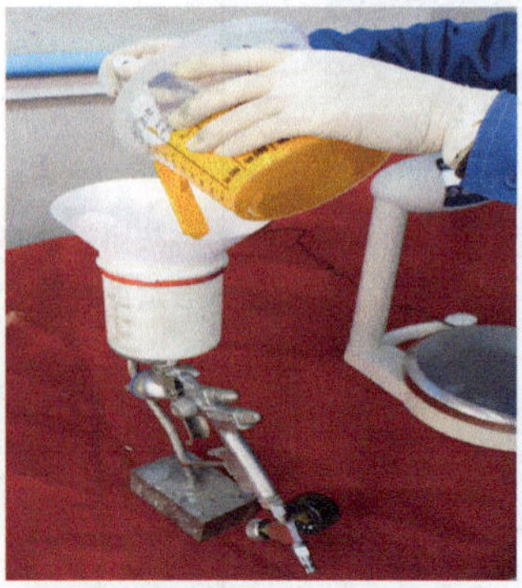	用过滤网将调配好的涂料过滤到喷枪里

（续）

面漆的喷涂		
操作步骤	操作示意图	说　明
7. 第一遍整个工件喷涂		此次喷涂也是将整个工件表面薄薄的、均匀地雾喷涂一层，提高新喷涂料与旧涂层的亲和力，同时确认有无排斥涂料的部位。然后按涂料技术说明静置几分钟，待涂层没有光泽之后就可喷涂下一层
8. 第二遍、第三遍整个工件喷涂	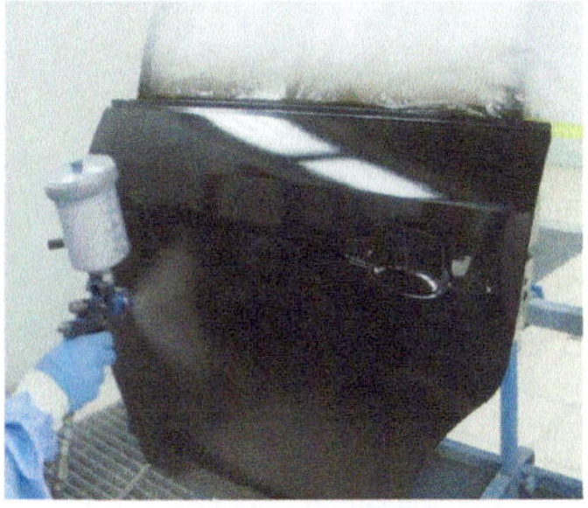	按照合适的喷涂顺序将工件正常均匀地湿喷涂一遍，喷完后要求涂层要保证足够的湿润性，但是也不能太厚，因为底色漆里面的溶剂含量较多，太厚涂料容易流淌，形成色差及流挂 按照适当的顺序再将工件均匀地雾喷涂一遍，但是此层喷涂的目的是为了消除斑纹，所以要保证涂层干燥之后形成颜色、纹理一致的效果；第三遍也就是最后一遍喷涂完成后，等涂层表面完全失光即完成底色漆的喷涂
9. 喷涂清漆		调整好喷枪，确保雾化效果及雾形最好；用粘尘布轻轻擦拭底色漆表面；按正常喷涂的方法喷涂第一遍罩光清漆层。静置合适的时间，待表面不黏手之后适当调高喷涂压力喷涂第二遍罩光清漆层。清漆一般喷涂两遍即可，喷涂完后也要达到最终的面漆效果，如涂膜厚度均匀丰满，纹理平整光滑，颜色一致，光泽度高、无流痕、无明显缺陷等
10. 整理工位		操作者整理气管复位，整理工位，清洗喷枪

评价反馈

考核项目		评分标准	学生自评	小组互评	教师评价	小　计
知识目标	了解面漆的作用及分类	能完整叙述				
	了解面漆喷涂流程	能完整叙述				
技能目标	能按要求进行面漆喷涂	会操作				
	掌握汽车修补面漆的调配和喷涂方法	会操作				
素质目标	安全、规范操作	做到做好				
	操作步骤、流程正确完整	正确熟练				
	团队合作	是否和谐				
	现场6S	是否做到				
总　评						

项目五 汽车外部的装饰

任务一 车身贴纸的装饰

学习目标

知识目标	1. 了解车身贴纸的文化； 2. 能够表述汽车贴纸的种类与选用方法。
技能目标	1. 能够正确使用车身贴纸所需的工具与设备； 2. 掌握车身贴纸的操作方法。

任务描述

某品牌汽车使用了两年，车主认为车身仅有原厂漆比较呆板，没有运动、时尚的元素，已经没有当初购买汽车时的新鲜感。于是想在不违反相关法律法规的前提下，对汽车车身进行贴纸装饰，让汽车重新焕发光彩，彰显个性。通过本任务的学习，学会操作车身贴纸装饰。

知识准备

一、汽车贴纸的文化

汽车贴纸俗称为“拉花”，源自于赛车运动，1985 年的港京拉力赛为中国赛车运动拉开了帷幕，也为中国的车迷带来了最早的汽车贴纸，早期汽车贴纸一般都是赞助厂商的商标和车队的队标等。随着中国汽车工业飞速发展，汽车在生活中不仅作为代步工具，越来越多地扮演起玩具的角色。在这个性化生存的年代，汽车贴纸逐渐成为车主彰显自己个性和品位的一种方式。

二、汽车贴纸的分类

1. 按形式分类

汽车贴纸按形式的不同可分为运动、改装和个性贴三类。

1）运动贴主要指赛车运动贴纸，场地赛与拉力赛所用车型和赛道各有不同，汽车贴纸也有相应区别。拉力赛汽车贴纸图案重点突出的是车队的标志及主要赞助商的标志，色彩上配和该车队的整体 VI 设计风格，以便更好地达到宣传效果。场地赛汽车贴纸常常会见到火焰、赛旗、波浪等动感十足的图案，为赛车运动增色不少。

2）改装贴是指各个改装厂商为参展或推广新产品在展车上，往往为配合某款车型或产品而专门设计的主题贴纸，绚丽多彩，引人注目。还有很多图案是改装厂的标志和一些改装品的标志，经过一番精心设计和搭配，与改装过的展车相得益彰。

3）个性贴依照车主个人喜好和品位，量车定做的个性化贴纸，包括运动化、艺术化、实用化，各种风格只要看起来和谐美观，可以自由选择搭配，自行设计，打造出自己的风格。

2. 按制作工艺分类

汽车贴纸按制作工艺的不同可分为雕刻型、印刷型和反光型。雕刻型和反光型材质最好，不粘漆，价格高。印刷型的贴纸容易粘漆，易脱落，价格低，汽车贴纸正逐渐成为最为简便的改装方式。人们日渐采用个性化的文字、图案尽情张扬自己，也为冷冰冰的车增添一丝温情。

三、贴纸的材质

汽车贴纸的材料主要有PVC户外专用胶贴纸、ABS工程塑料、荧光、亚光、金属反光、镭射反光、金属拉丝等。

反光材料：选用高品质反光材料，反光效果好，防水防晒，车贴粘贴牢固后，可以正常洗车。

反光材料在光线照射下，可以反射光线。夜间在光线照射下不仅美观、时尚，更能起到增加安全性的作用。反光材料是喜欢炫酷、时尚一族的最佳选择。

四、贴纸表现形式

贴纸表现形式包括赛车道、流线、几何图形、动漫人物、卡通动物、中国传统图案的风格、水墨丹青、书法篆刻、图腾脸谱等图案。

五、适用车体场合

汽车贴纸全车上下无所不至，车身两侧，发动机舱盖，灯眉、裙边、轮毂上，中网或行李舱盖，只要在现行法规允许的范围内进行合理的创作，完全可以尽情彰显车主的个性爱好。

汽车贴纸相关法律法规如下：

1）汽车贴纸不可以采用特种车辆专用颜色，我国法律规定，虽然机动车所有人可以对车身颜色进行改装，但是消防专用红色、工程抢险专用黄色、国家行政执法专用的上白下蓝颜色及搭配，属于特种车专用颜色，普通车辆不能使用。

2）汽车贴纸面积不能超过车身面积的30%，超过需报批。如果汽车贴纸面积过大（超过30%）并没有去公安交通管理部门报批，这会导致车辆与行驶证的照片不一致。

3）汽车贴纸不得影响安全驾驶，内容需健康向上。我国法律规定，机动车喷涂、粘贴标识或者车身广告，影响安全驾驶的将会被处以200元以下罚款。

任务实施

贴车贴有湿贴法和干贴法两种方式。对于大面积车身进行车贴装饰采用湿贴法，而对于小面积车身进行车贴装饰多采用干贴法。

一、车身进行车贴装饰湿贴法的操作步骤流程与方法

车身进行车贴装饰湿贴法的操作步骤流程与方法见下表。

前期准备		
操作步骤	操作示意图	说　明
1. 着装准备	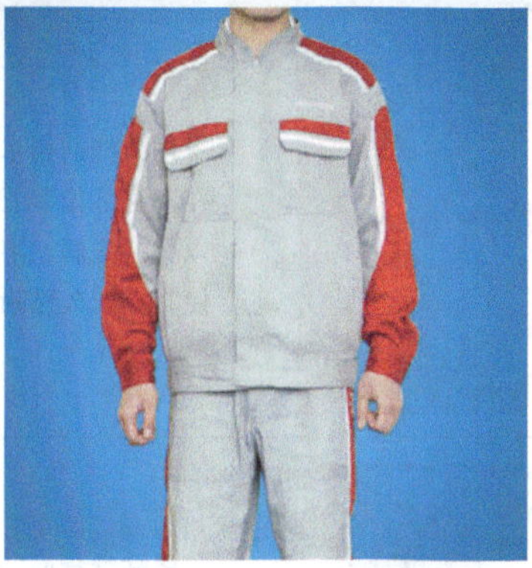	着装整洁干净的工作服，不能穿有拉链和明扣的衣服，不允许佩戴手表、手链和金属挂件等，以免刮伤车漆
2. 设备、工具及材料准备	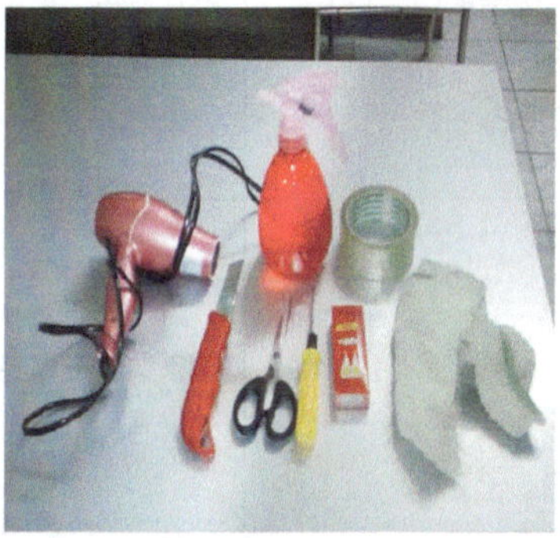	抹布、喷水壶、刮板、汽车贴纸等
安全检查		
操作步骤	操作示意图	说　明
1. 检查车轮挡块和驻车制动器		操作前的安全措施
2. 确定粘贴部位		根据图样确定粘贴的部位，对比尺寸

（续）

实施贴纸		
操作步骤	操作示意图	说明
1. 贴纸喷水	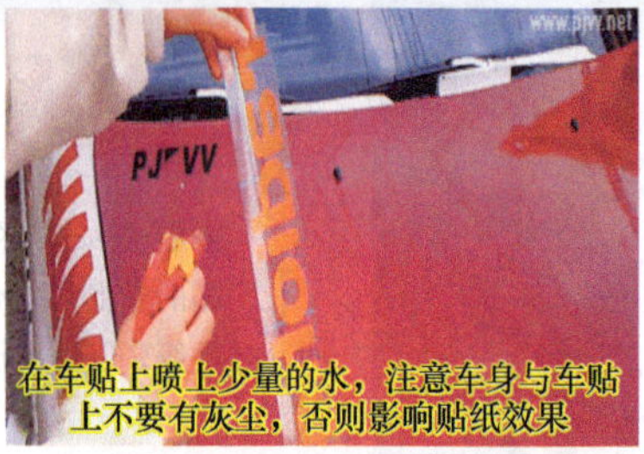	用清洗剂与水的混合剂（1:10）均匀地喷在车身部位和已揭开底纸的贴纸的上胶面，以保持湿润，溶液能使贴膜更容易控制，并使其在永久黏附之前可以正确地定位
2. 揭开底纸		将贴纸背面的底纸（白色）揭开后，贴纸将附在保护膜上。根据图样样板，将其贴在车身部位，先固定左侧，再固定右侧，然后慢慢除去底纸，小心不要弄脏附着表面
3. 贴纸定位		当贴膜附着的表面和车身表面都湿润时，整条贴膜可以轻松地运动。根据图样调整贴纸位置，最后定位
4. 刮除水分		贴纸的位置最后定好后，就可用胶板刮将贴纸下的水轻轻刮出
5. 贴纸裁边	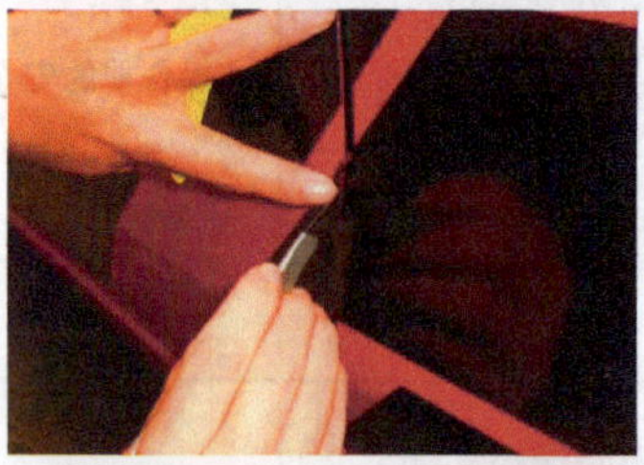	在车门与车身缝隙连接处粘贴车贴时，用界刀沿着车门边剪开 注意：剪边要整齐，与地面垂直。以剪开处为中心，将贴纸分别向两侧反方向平移2mm距离，避免开门/关门时擦到贴纸，引起贴纸卷边
6. 撕开保护膜		1）将贴纸与车身的水分全部刮走后，待贴纸完全干后，再将贴纸表层的保护膜撕去 2）若要贴纸快速干，可用电热风机烘干，但要注意保持一定的距离与温度，否则会因高温破坏贴纸及贴纸的黏性

（续）

检查确认		
操作步骤	操作示意图	说明
检查车辆		将贴纸的车辆外表面全部检查，确认没有遗漏
车辆交接		
操作步骤	操作示意图	说明
车辆交接		将贴好纸的车辆交给顾客

注意事项

1）贴纸的工作在15～30℃的环境下进行较好。因为温度过高会导致贴膜变大，湿溶液迅速蒸发；温度过低会影响贴膜的柔性，从而影响附着效果。

2）使用水和中性清洗剂将车身表面彻底清洗干净。为了使彩条能正常一贴就上去，车身表面必须没有灰尘、蜡和其他脏物。

3）贴纸分三层，底纸（白色玻璃面纸）、PVC贴纸本身、转贴膜即保护膜（透明）。表层保护膜在最后完工后再揭去。在贴的过程中，注意不要用力拉扯贴纸，以防拉长变形。

4）清洁车身，在将要粘贴车贴的车身部位上均匀洒水，以降低贴纸黏度，方便调整位置。

5）确定好汽车贴纸的位置，慢慢地一边贴，一边轻轻用工具刮平，一边揭底纸。

6）遇到门把手或防擦条时，要根据情况把材料割开并包入。

7）贴纸时，待图形大体位置确定无误后，再用力反复刮去水和气泡，撕除保护膜。

8）在车门和车缝处贴纸时，应用美工刀划一刀，向内包贴。

9）不要让汽车贴纸和车身有任何分离或凸起。

10）尽量让汽车贴纸里的水分干透，有条件可以适度加热烘干。贴后根据天气情况，过1～2天后再洗车。

二、车身进行车贴装饰干贴法的操作步骤流程与方法

车身进行车贴装饰干贴法的操作步骤流程与方法见下表。

前期准备		
操作步骤	操作示意图	说明
1. 着装准备		着装整洁干净的工作服，不能穿有拉链和明扣的衣服，不允许佩戴手表、手链和金属挂件等，以免刮伤车漆
2. 设备、工具及材料准备	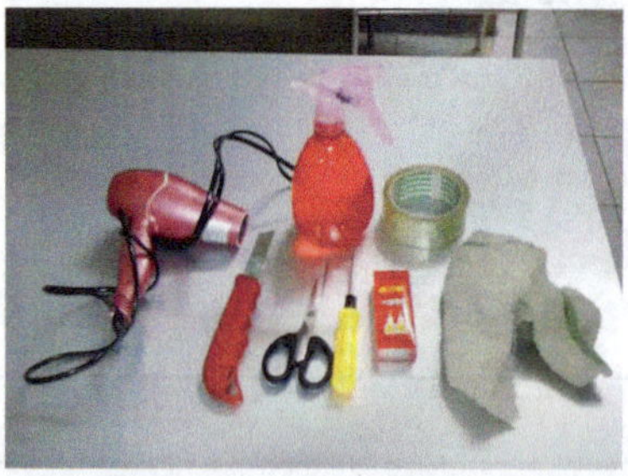	抹布、喷水壶、刮板、汽车贴纸等

安全检查		
操作步骤	操作示意图	说明
1. 检查车轮挡块和驻车制动器		操作前的安全措施
2. 准备工作		用抹布清洁车身，保持干燥

（续）

实施贴纸		
操作步骤	操作示意图	说　明
1. 确定粘贴位置		确定好需要粘贴的位置。一般情况下，慢慢地一边贴，一边用工具刮平，一边揭底纸
2. 反复刮平		贴好后，再反复刮压几遍，撕除透明保护膜
3. 清理		贴纸作业完成后，应清除车身多余的贴纸
检查确认		
操作步骤	操作示意图	说　明
检查车辆		将贴纸的车辆外表面全部检查，确认没有遗漏
车辆交接		
操作步骤	操作示意图	说　明
车辆交接		将贴好纸的车辆交给顾客

评价反馈

考核项目		评分标准	学生自评	小组互评	教师评价	小计
知识目标	车身贴纸的文化	能完整叙述				
	汽车贴纸的种类与选用	能完整叙述				
技能目标	正确使用车身贴纸所需的工具与设备	会操作				
	车身贴纸的操作方法	会操作				
素质目标	安全、规范操作	做到做好				
	操作步骤、流程正确完整	正确熟练				
	团队合作	是否和谐				
	现场6S	是否做到				
总评						

任务二 车窗饰条的安装

学习目标

知识目标	1. 能够表述车身饰件的种类； 2. 能够表述车窗饰条的种类与选用方法； 3. 能够表述安装车窗饰条所需的工具与设备。
技能目标	1. 会使用安装车窗饰条所需的工具与设备； 2. 掌握安装车窗饰条的操作方法。

任务描述

某品牌汽车使用了一年，车主觉得车窗黑密封条不够美观，当看到别人的车窗采用镀铬车窗装饰亮条特别显得“高大上、显档次”时，自己也想给车窗装上车窗饰条。通过本任务的学习，学会车窗饰条的安装方法。

知识准备

一、汽车车窗饰条的作用

车窗饰条是安装在汽车车窗上四周边缘上的，起装饰作用。车窗饰条所用的材料是不锈钢，一般用亮片不锈钢做成。采用高耐蚀性不锈钢，不会生锈，保持光亮时间长久。

二、如何选购镀铬车窗饰条

所有汽车加装件、外观件都有原厂、副厂之分，镀铬车窗饰条也不例外。主要原因有以下两点：

① 副厂亮条安装方便，直接粘贴即可。

② 副厂亮条价格便宜，通常一般的中型车安装车窗饰条的费用只需 200～300 元，而不少原厂车窗饰条需要卡在车窗密封条上，由于低配密封条不带卡槽，所以需要另外购买高配版本的密封条，这样成本较高。

副厂都采用了双面胶直接粘贴在原厂胶条上的方式，在刚安装好时贴合紧密，但只要时日稍长，外加日晒雨淋，饰条就会在两边有略微翘起。这样不但不美观，并且有可能在高速行驶时被风吹落，造成极大的安全隐患。而原厂饰条由于采用了卡槽固定的方式，在牢固度与贴合度上相比粘贴的副厂饰条优势更加明显。

任务实施

安装车窗饰条的操作步骤流程与方法见下表。

前期准备		
操作步骤	操作示意图	说明
1. 着装准备	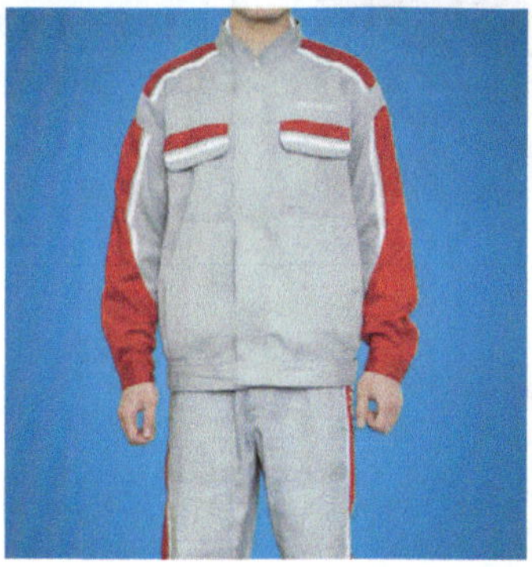	着装整洁干净的工作服，不能穿有拉链和明扣的衣服，不允许佩戴手表、手链和金属挂件等，以免刮伤车漆
2. 设备、工具及材料准备	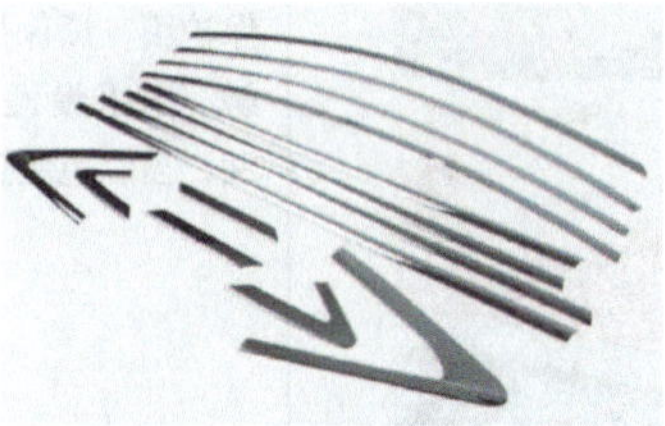	十四件套车窗装饰条、无纤维脱落的布、50% 的酒精、异丙醇、丙酮或甲苯溶液
安全检查		
操作步骤	操作示意图	说明
检查车轮挡块和驻车制动器		操作前的安全措施

（续）

实施安装		
操作步骤	操作示意图	说　明
1. 确定安装位置	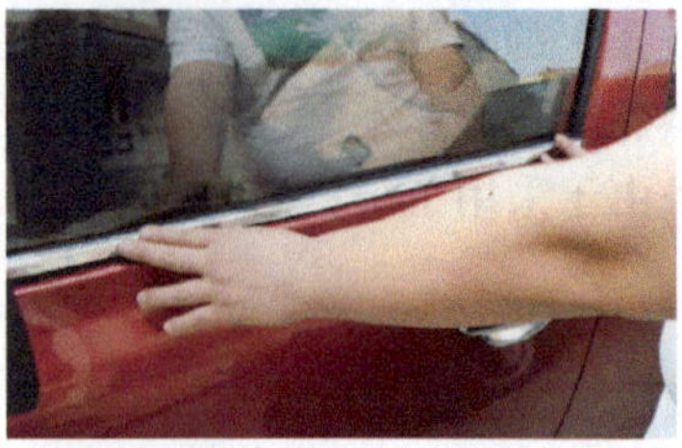	根据车窗饰条形状确定粘贴的部位，对比尺寸
2. 彻底清洁车窗边框表面		粘贴车窗装饰条时，一定要保证车窗框的表面清洁和干燥，一般清洁车窗框时，使用酒精或干洗泡沫擦洗，擦干净后再用湿布擦几遍，等待自然晾干
3. 贴装饰条	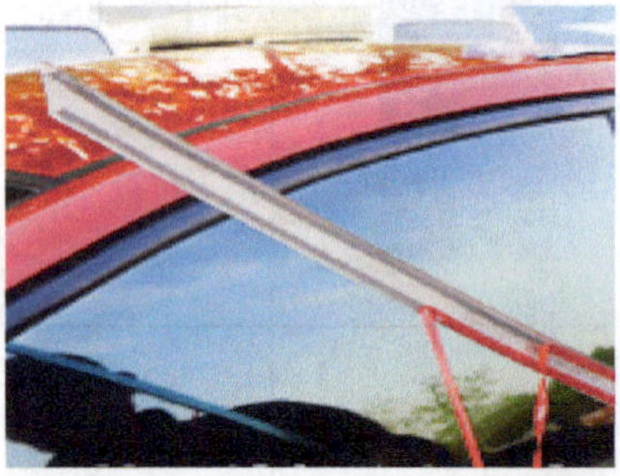 	对比好后，从车窗饰条的一端撕下双面胶保护膜，撕保护膜时应避免手指与胶面的接触，用手慢慢拉双面胶的红色膜，边撕边贴，当红色膜撕完后，应用力压紧车窗饰条
4. 清理	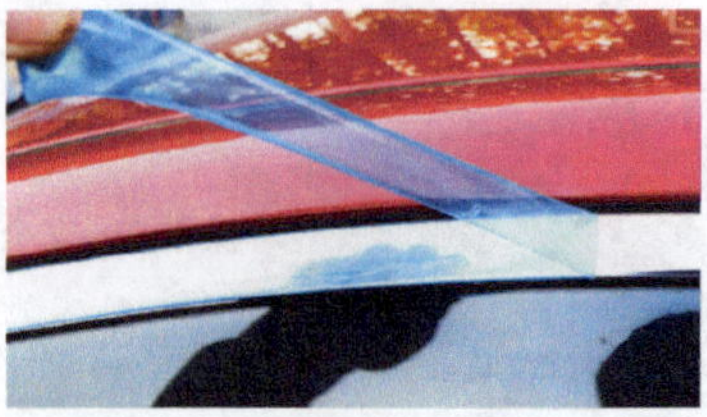	撕去亮条表面的保护膜，清理现场

（续）

检查确认		
操作步骤	操作示意图	说　明
检查车辆		将安装车窗饰条的车辆外表面进行检查，确认没有遗漏

车辆交接		
操作步骤	操作示意图	说　明
车辆交接		将安装好车窗饰条的车辆交给顾客

注意事项：

1）安装前请确保车体没有水汽或油污。

2）用软布将车体擦拭干净后再进行粘贴。

3）粘贴后最好两天不要洗车。

4）粘贴装饰条尽量选择温度较高的中午，周围环境尽量比较干燥，这样粘贴的效果会更好。

5）彻底粘牢后再撕掉表面的保护膜。

评价反馈

考核项目		评分标准	学生自评	小组互评	教师评价	小　计
知识目标	车身饰件的种类	能完整叙述				
	车窗饰条的种类与选用方法	能完整叙述				
	安装车窗饰条所需的工具与设备	能完整叙述				
技能目标	正确使用安装车窗饰条所需的工具与设备	会操作				
	安装车窗饰条的操作方法	会操作				
素质目标	安全、规范操作	做到做好				
	操作步骤、流程正确完整	正确熟练				
	团队合作	是否和谐				
	现场6S	是否做到				
总　评						

任务三 汽车扰流板的安装

学习目标

知识目标	1. 能够表述汽车扰流板的作用； 2. 能够表述汽车扰流板的种类与选用方法。
技能目标	1. 学会使用安装扰流板所需的工具与设备； 2. 掌握安装汽车扰流板的操作方法。

任务描述

某品牌汽车使用了两年，车主觉得在高速公路上行驶的时候总有些“发飘”的感觉，不够稳定，于是车主想在车后加装扰流板（即尾翼）来稳定车身，同时能让自己的车更时尚。通过本任务的学习，学会安装汽车扰流板。

知识准备

一、汽车扰流板的作用

根据空气动力学原理分析，汽车在行驶过程中会遇到空气阻力，这种阻力可分为纵向、侧向和垂直上升三个方面的作用力，并且空气阻力与车速的平方成正比，也就是说，在速度120km/h的阻力是速度60km/h的4倍，是速度40km/h的9倍，因此车速越快，空气阻力就越大。

一般情况，当车速超过60km/h，空气阻力对汽车的影响表现得就非常明显。为了有效地减少并克服汽车高速行驶时空气阻力的影响，在汽车尾部设计了扰流板，其作用就是使空气对汽车产生第四种作用力，即对地面的附着力，它能抵消一部分气动升力，控制汽车上浮，使汽车能紧贴着道路行驶，从而起到提高汽车行驶稳定性的作用。除了提高行驶稳定性，汽车扰流板对于节省燃油也有一定帮助。以排气量为1.6L的轿车为例，安装汽车扰流板后，在一般道路上行驶，耗油量减少或许不明显，但在高速路上行驶，则能节约10%的燃油。

二、汽车扰流板的种类

1. 赛车上的扰流板

如图5-1所示，在F1赛车中，由于它的车速高，车体在高速的气流中所表现出的“机翼”化现象特别明显，因此有必要安装抵消这种现象的装置——扰流板。它不仅安装在尾部，车的前端也有这种扰流板，一般分为单层和双层两种，而材质有铝合金、玻璃纤维和碳纤维等多种，其工作方式也有手动调节和自动调节之分。不过无论结构材质有何区别，其根本的目的都是通过增加下压力来改善车辆在动态状况下的稳定性。F1赛车的前后都安装有扰流板，它们为车体提供了近60%的下压力，从而保证了高速下轮胎具有足够的抓地力来保持车身的稳定性。

图5-1 F1赛车后扰流板

2. 一般汽车的扰流板

一般的运动型小汽车都安装有一个扰流板，一是为了体现它的运动特性；二是因为运动型的汽车用户可能趋向于玩车技，做一些急转弯、飘移等特技动作，这时候这个扰流板就会起到稳定车身的作用，增加安全性。也有些汽车的扰流板与车尾贴在一起，而不是与车尾分离，这种扰流板就不能起到本文之前所提到的这种升力，但它也能提供一定的下压力，其原理与扰流板是不同的，严格地讲不能称其为扰流板。而且现在很多汽车的扰流板的有效性还是值得怀疑的，更多的是一种外形的装饰。图 5-2 为宝骏 630 轿车的后扰流板。

3. 鸭尾状扰流板

现在的一些旅行车、MPV、多功能车都采用掀背式，大多数都会有一个鸭尾状的扰流板，如图 5-3 所示。既可以将车顶上的气流顺畅地导至车后，同时还利用了该气流将后车窗的灰尘清除掉，避免了因灰尘附着而影响驾驶人的后视野。

图 5-2　宝骏 630 轿车的后扰流板

图 5-3　某品牌两厢车扰流板

任务实施

安装汽车扰流板的操作步骤与方法见下表。

前期准备		
操作步骤	操作示意图	说　明
1. 着装准备		着装整洁干净的工作服，不能穿有拉链和明扣的衣服，不允许佩戴手表、手链和金属挂件等，以免刮伤车漆
2. 设备、工具及材料准备		白板笔、锤子、冲子、电钻、螺钉旋具、扰流板

（续）

安全检查		
操作步骤	操作示意图	说明
检查车轮挡块和驻车制动器		操作前的安全措施

实施安装		
操作步骤	操作示意图	说明
1. 对比安装位置		根据车辆安装部位，对比扰流板尺寸
2. 确定安装位置		定好扰流板的左右前后距离
3. 确定钻孔位置		用白板笔在安装扰流板处做好标记，确定钻孔位置
4. 钻孔		用小钻头钻孔

（续）

实施安装		
操作步骤	操作示意图	说　　明
5. 行李舱内钻孔		打开行李舱盖，在盖子背部用小钻头钻孔
6. 扩孔		用直径为 15mm 的钻头扩孔，目的是为了方便安装螺钉
7. 做好防水	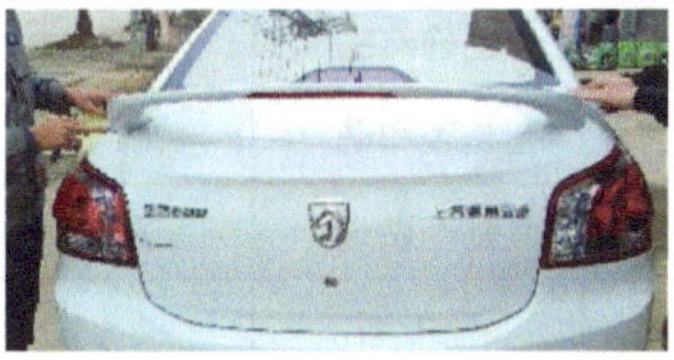	在安装螺钉处涂抹玻璃胶防止漏水。拧紧螺钉，安装完毕
8. 清理		安装扰流板后应对车辆进行清洁工作

检查确认		
操作步骤	操作示意图	说　　明
检查车辆		对安装扰流板处全部检查，确认没有遗漏

（续）

车辆交接		
操作步骤	操作示意图	说明
车辆交接	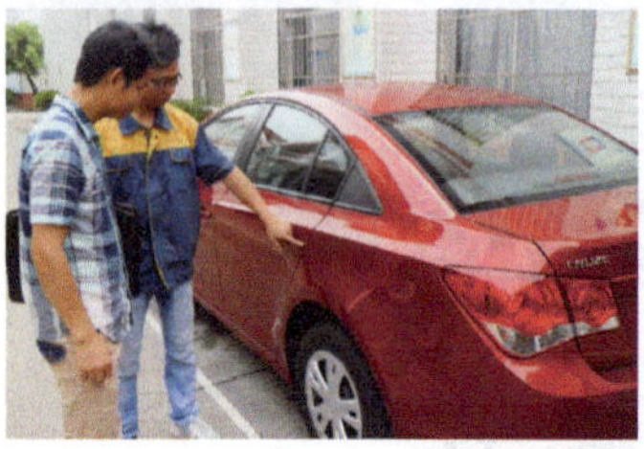	将安装好扰流板的车辆交给顾客

评价反馈

考核项目		评分标准	学生自评	小组互评	教师评价	小计
知识目标	汽车扰流板的作用	能完整叙述				
	汽车扰流板的种类与选用方法	能完整叙述				
技能目标	安装扰流板所需的工具与设备	会使用				
	安装汽车扰流板的操作方法	会操作				
素质目标	安全、规范操作	做到做好				
	操作步骤、流程正确完整	正确熟练				
	团队合作	是否和谐				
	现场6S	是否做到				
总评						

任务四 挡泥板的安装

学习目标

知识目标	1. 能够表述挡泥板的作用； 2. 能够表述安装汽车挡泥板的方法； 3. 能够表述安装汽车挡泥板所需的工具与设备。
技能目标	掌握安装汽车挡泥板的方法。

任务描述

某品牌汽车使用了两年，车主没装过挡泥板，总觉得挡泥板没什么大用处。但是前几天洗车的时候，车主突然发现车身上多了很多小黑点怎么洗都洗不掉，这下车主才明白可能走新修的柏油路的时候溅上的，于是车主决定也要安装挡泥板。

知识准备

一、挡泥板的作用

泥水路上行车，车身都免不了会被轮子甩上泥。特别是高速行驶的车辆，在水坑上疾驰而过，溅起泥水很高，不但会飞溅到车身上，路上行人也不能幸免。而汽车挡泥板在这种情况下就显得格外重要，把它安装在车轮前后，专门阻挡泥水飞溅、沙粒弹起，保护车身少沾泥污、少损伤，可以防止泥土溅到拉杆、球头上导致其过早生锈。

二、挡泥板的选择

汽车挡泥板一般用软塑料制成，这种塑料柔韧性大，用手扭曲不变形，还具有耐磨、耐高温的特点。在颜色上多以黑色为主，不过也有一些店铺在上面镀有红、蓝、银、白、黑等不同颜色的烤漆，让车主有更多的选择空间。有的挡泥板上边还印有 Logo，有的带有反光图案。在价格上，不同车型的挡泥板价格也不同。

任务实施

安装挡泥板的操作步骤流程与方法见下表。

前期准备		
操作步骤	操作示意图	说　明
1. 着装准备	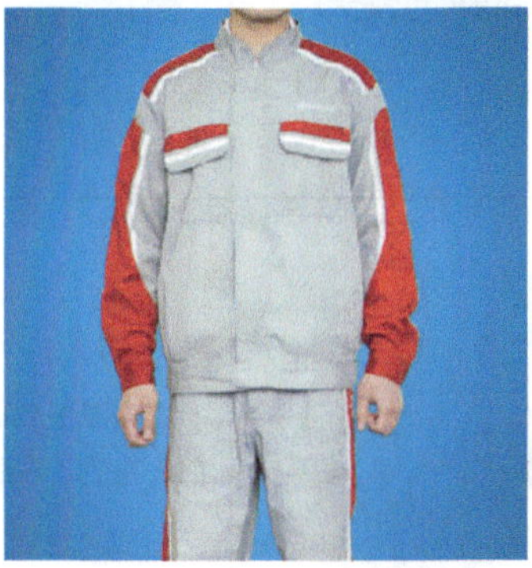	着装整洁干净的工作服，不能穿有拉链和明扣的衣服，不允许佩戴手表、手链和金属挂件等，以免刮伤车漆
2. 设备、工具及材料准备		汽车专用挡泥板、螺钉旋具、呆扳手

（续）

安全检查		
操作步骤	操作示意图	说明
检查车轮挡块和驻车制动器		操作前的安全措施

实施安装		
操作步骤	操作示意图	说明
1. 对比安装位置		根据图样确定挡泥板的部位，对比尺寸
2. 确定挡泥板的安装位置		看挡泥板后面，上面有文字标明左前、右前、左后、右后
3. 拆卸螺钉		安装挡泥板时，应将原车体相应部位的螺钉拆掉

（续）

实施安装		
操作步骤	操作示意图	说　明
4. 安放挡泥板		将挡泥板放于汽车的对应部位，放正位置使挡泥板外缘与轮胎的外沿平行
5. 拧紧螺钉		用本品附带的专用螺钉拧上即可，需要打螺孔的汽车，螺孔的位置需打正，不然会影响安装效果
6. 清理	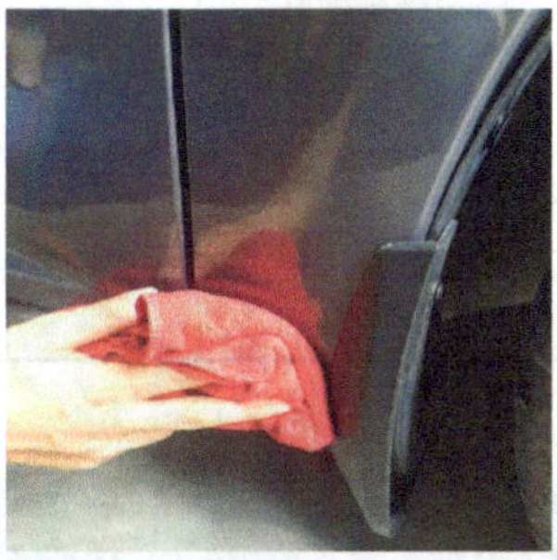	安装挡泥板作业完成后，应清除车身因手触摸产生的脏污
检查确认		
操作步骤	操作示意图	说　明
检查安装情况		将安装挡泥板的车辆外表面进行全面的检查，确认没有遗漏

（续）

车辆交接		
操作步骤	操作示意图	说　明
车辆交接	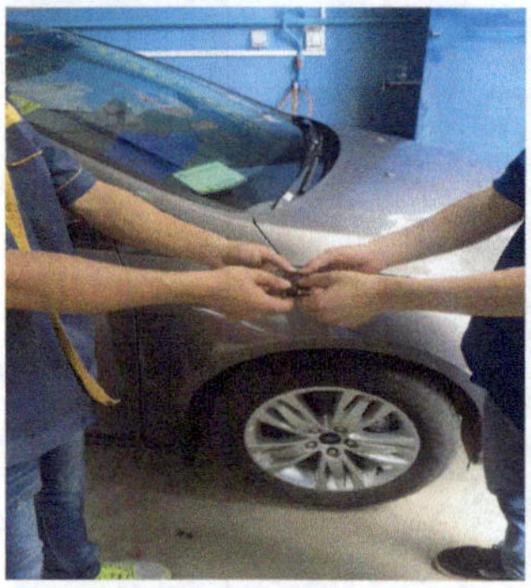	将安装好挡泥板的车辆交给顾客

评价反馈

考核项目		评分标准	学生自评	小组互评	教师评价	小　计
知识目标	挡泥板的作用	能完整叙述				
	安装汽车挡泥板的方法	能完整叙述				
	安装汽车挡泥板所需的工具与设备	能完整叙述				
技能目标	掌握安装汽车挡泥板的方法	会操作				
素质目标	安全、规范操作	做到做好				
	操作步骤、流程正确完整	正确熟练				
	团队合作	是否和谐				
	现场6S	是否做到				
总　评						

任务五　发动机下护板的安装

学习目标

知识目标	1. 能够表述汽车发动机下护板的作用； 2. 能够表述发动机下护板的种类与选用方法； 3. 能够表述安装发动机下护板的工具与设备。
技能目标	掌握安装发动机下护板的操作方法。

任务描述

宝骏630型汽车使用了三个月，在市区行驶，车主一直没有给汽车安装发动机下护板，由于近期要到郊外旅游，车主担心没有发动机下护板，受到剐蹭时损坏发动机，于是决定安装发动机下护板。通过本任务的学习，学会安装发动机下护板。

知识准备

一、发动机下护板的作用

汽车日常行驶中，车轮卷起的泥沙，雨雪天气中带起的雪水都会对底盘中裸露的部件造成腐蚀，影响使用寿命。

安装发动机护板后不仅会使汽车底盘的耐蚀性得到提高，还可起到防石击、防振、隔声降噪、防托底的作用。

二、发动机下护板的种类及选用

1. 护板的种类

目前，市场中在售的护板产品种类繁多，从材质上看大概分为四类：钢质、强化树脂、硬塑料和铝合金等。

（1）钢质　钢质护板是目前车主选择最多的，其价格便宜（钢质护板价格在200元左右），容易被广大车主接受；另外钢质护板质地坚硬，日常行驶中轮胎卷起的泥沙石子对它来说完全构不成任何威胁，即便是偶尔的托底也绝对不会对它造成破坏。

但钢质护板最大的弊端在于质量大，对于油耗必然会产生一些影响。另外，严重事故时钢板只会变形不容易断裂，不仅会影响发动机在发生事故时的安全下沉，还存在碰撞中由于钢板变形而率先损坏发动机的隐患。

（2）强化树脂　与钢质护板相比，树脂护板的重量轻了不少（最多也就3kg）。同样对于泥沙侵蚀，甚至小剐小蹭的不会伤害底盘，只是在整体强度方面要差于钢质护板。虽然有一定的韧性，但是稍微严重些的托底很容易破碎，不过这恰恰在发生较严重事故的时候可以不影响发动机顺利下沉。

（3）硬塑料　很多车型原厂配备的就是塑料材质的护板，这种护板的优势在于成本低、重量轻。缺点是单薄并且强度差，小剐小蹭的底盘伤害就会导致护板破裂，属于护板中最低级的产品。

（4）铝合金　铝合金护板很多装饰店都推荐安装，它的价格和钢质护板差不多，铝合金的硬度远远不如钢质的护板，但重量轻是其特点。

选用建议

钢板护板价格适中，钢板强度高，对于油耗影响不会很大，对于城市代步的人们来说，还是值得推荐的。但如果车辆经常需要跑高速，建议还是不要选择这类产品，毕竟高速上的事故普遍要比市区严重，影响发动机下沉的弊端可能要考虑在内。

树脂材料的护板可以兼顾保护底盘和发生事故时发动机的顺利下沉两项要求，虽然极限强度不如钢板，但是日常的小剐蹭都可以应付。

塑料护板的功能主要在于阻挡泥沙和雪水，对于真正的摩擦和碰撞没有什么帮助，因此适合那些底盘较高，基本不会出现托底情况的车型使用。

铝合金护板虽然很轻，但是强度不大，省油效果不明显，不太建议购买这种护板。

2. 关于护板的购买和使用的几点补充

（1）透气性和预留口要注意　为了保持透气散热功能，尽量选择护板表面有散热孔的产品，另外护板表面一些预留的缺口是为了维修保养时使用，最好购买时提前比对，以免出现未来保养需要反复拆护板的麻烦事，如图5-4所示。

（2）护板也要勤保养 与其他零部件相同，护板也要定期保养，如螺钉松动变形、钢板严重破裂等都需要及时处理，以保证它的工作效果。图5-5为发动机下护板因螺母生锈而松脱。

图5-4 发动机下护板预留口

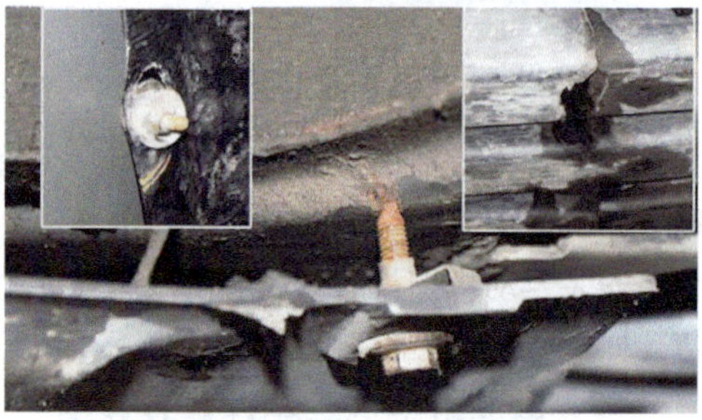

图5-5 发动机下护板因螺母生锈而松脱

任务实施

安装发动机下护板操作步骤流程与方法见下表。

前期准备		
操作步骤	操作示意图	说明
1. 着装准备		着装整洁干净的工作服，不能穿有拉链和明扣的衣服，不允许佩戴手表、手链和金属挂件等
2. 设备、工具及材料准备	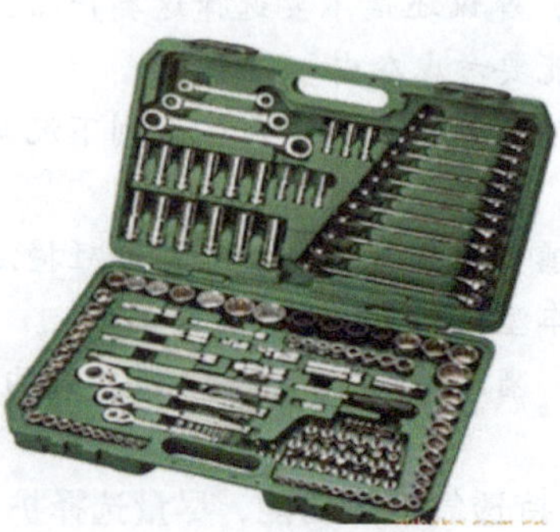	举升机、通用工具一套、汽车专用发动机下护板一件

（续）

安全检查		
操作步骤	操作示意图	说　明
1. 检查车辆驻车制动器		将车挂入P位或N位，拉起驻车制动器
2. 举升车辆前检查		举升车辆，检查支点与车辆是否对齐
3. 举升车辆		举升车辆至1.5m，并操作举升机锁止，确保安全后进入车底操作

（续）

实施安装		
操作步骤	操作示意图	说　　明
1. 确定安装位置	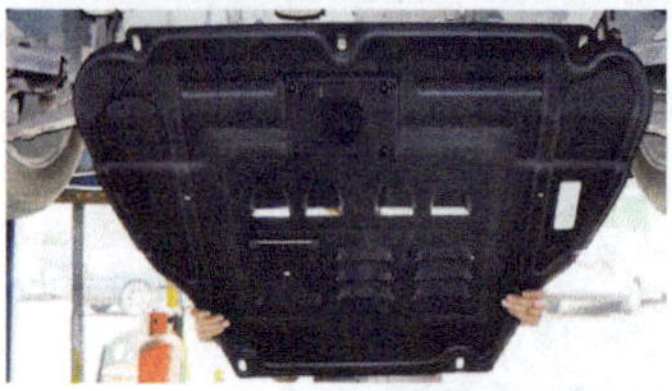	根据汽车底盘结构确定发动机下护板安装的位置
2. 拆除原塑料板		拆除发动机下面的塑料板
3. 加装垫片	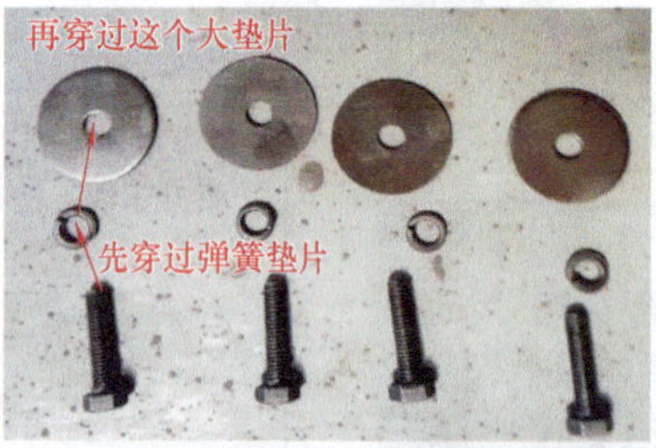	加装垫片，没有垫片或垫片数量不够也可以多加一个螺母
4. 安装护板	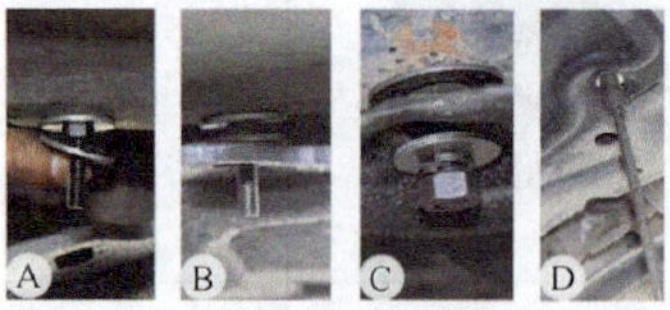	对角安装螺母，使其受力均匀，防止下护板变形
5. 清理		作业完成后，应清理现场掉落的泥沙

（续）

检查确认		
操作步骤	操作示意图	说　明
检查车辆		起动发动机，注意倾听是否存在噪声
车辆交接		
操作步骤	操作示意图	说　明
车辆交接		将安装好发动机下护板的车辆交给顾客

评价反馈

考核项目		评分标准	学生自评	小组互评	教师评价	小　计
知识目标	汽车发动机下护板的作用	能完整叙述				
	发动机下护板的种类与选用方法	能完整叙述				
	安装发动机下护板的工具与设备	能完整叙述				
技能目标	安装发动机下护板的操作方法	会操作				
素质目标	安全、规范操作	做到做好				
	操作步骤、流程正确完整	正确熟练				
	团队合作	是否和谐				
	现场6S	是否做到				
总　评						

任务六　车窗的贴膜

学习目标

知识目标	1. 能够表述汽车玻璃膜的作用； 2. 能够表述汽车玻璃膜的品牌及选用方法； 3. 能够表述汽车玻璃贴膜工艺流程及注意事项。
技能目标	掌握汽车玻璃贴膜的方法与步骤。

任务描述

某客户刚买了一辆新车，汽车玻璃还没有贴膜，现在要求给他的爱车玻璃进行贴膜装饰。通过本任务的学习，学会车窗贴膜的方法。

知识准备

一、汽车玻璃膜的作用

（1）创造最佳美感 防爆太阳膜能使汽车的风窗玻璃显现艳丽悦目的颜色。

（2）提高防爆性能 防爆太阳膜可以提升意外发生时汽车的安全性能，使汽车玻璃破碎的可能性降到最低，最大限度地避免意外事故导致玻璃破碎对乘员造成伤害。

（3）提高空调效能 防爆太阳膜的隔热效率可达50%～95%，能有效阻断阳光热量进入车内，提高空调效率，节约燃油。

（4）抵御有害紫外线 紫外线辐射具有杀菌作用，但对人的肌肤也具有侵害力。对于乘员来说，长时间乘车时，人体基本处于静止状态，此时更易受到紫外线伤害，造成皮肤疾病。防爆太阳膜可有效阻挡紫外线。

（5）保证乘车隐秘性 防爆太阳膜具有单向透视性，可保证乘车的隐秘性。

二、汽车玻璃膜的品牌及使用性能

汽车玻璃膜的常见品牌主要有3M、雷朋、联邦、强生、威固、龙膜、量子膜，其使用性能见下表。

序号	玻璃膜品牌	性能特点
1	3M	优点：颜色经典、透明度高 缺点：颜色种类少，抗划性不好
2	雷朋	透光度不错，颜色种类繁多
3	联邦	优点：高度抗氧化、无毒并不干扰手机信号 缺点：进入市场比较晚，知名度较低
4	强生	清晰度高，耐磨性强，品牌知名度、美誉度高
5	威固	优点：品牌知名度高，抗紫外线与隔热效果好 缺点：威固膜质地较软，抗划性比较差，价格昂贵
6	龙膜	品牌口碑好，质量有保证
7	量子膜	技术先进，质保长达10年，国际知名品牌，价格高

三、汽车玻璃膜的鉴别及选用方法

（1）看 首先要看透光率，防爆隔热膜无论颜色深浅，透视性能均良好。在夜间、雨天也能保持良好视线，保证行车安全。而普通色膜用的是普通染色工艺，靠颜色隔热，所以颜色深，从车里向外看总是雾蒙蒙的感觉。

其次要看颜色。防爆隔热膜是一种高科技产品，它采用金属溅射工艺，将镍、银、钛等高级金属涂在高张力的天然胶膜上，无论在贴膜过程中还是日后的使用过程中都不会出现掉色、褪色现象。防爆隔热膜的颜色多种多样，再加上自然柔和的金属光泽，令防爆隔热膜可以搭配各种颜色、款式的汽车。普通膜和防晒太阳膜是将颜色直接融在胶膜中，撕掉上层塑料纸后，用力刮粘贴面，会有颜色脱落的现象，这种膜使用一两年就会褪色。

最后要看气泡，撕开车膜的塑料内衬后再重新合上，劣质车膜会起泡，而优质车膜合上后完好如初。

（2）摸 防爆隔热膜手感厚实平滑，好的防爆隔热膜表面经过硬化处理，长期使用不会划伤表面。普通色膜手感薄而脆，摇动玻璃后，会在膜上留下道道划痕。

（3）试 剪下一小块膜，在地下摩擦试验，容易掉色的就是劣质膜，而擦不掉颜色的就是优质膜。另外，对太阳膜的隔热性只凭肉眼看和手摸是很难鉴别的，可以通过一个简单的测试方法来做比较：在一个碘钨灯上放一块贴着太阳膜的玻璃，用手感觉不到一丝热的是优质太阳膜，而立即有烫手感觉的，则是隔热性较差的劣质太阳膜。

注意事项

1）贴膜时所用的水一定要经过过滤或沉淀。

2）若没有密闭室条件，需关闭车门再贴。

3）贴膜时，不要穿毛料或者有棉絮的衣服。

4）在未拆开膜时，必须把膜表面喷一些水，可防灰尘及沙粒。

5）玻璃洗好后或拆开保护膜时，不可让别人开关车门，因为开关车门会造成空气快速流通带入大量灰尘或沙粒。

6）喷壶底部往往不干净，底部沙粒会掉到膜上，使用喷壶时，不要在膜上方晃动。

7）拆开保护膜后必须以两个指头捏住太阳膜，手捏的部分会有指纹和沙粒，技巧在于能控制膜为原则，尽量捏少一点。

8）刮水清洗玻璃时有固定方式，若随便刮水，或刮水断断续续或不知收尾，都会带来沙粒。

9）侧边或底部刮板无法完全到达，必须冲水。

10）清洗车窗时应先将车窗摇下来，才可清洗顶端。

11）烤膜时，要时刻注意玻璃温度，不能在一处长时间烧烤，要不断变换位置。

12）玻璃热时，不可喷水，避免击爆玻璃。

13）在使用烤枪时，要注意避免烫伤车上部件和人员。

14）贴膜前要对车上部件进行防水，避免电器进水。

15）烤完膜之后，在玻璃上裁膜要小心，防止将玻璃划伤。

四、汽车玻璃贴膜的工具及设备

（1）剪刀 用剪刀可保证在裁膜时不会伤及汽车玻璃以及薄膜边际，防止出现锯齿状薄膜。

（2）美工刀 用美工刀可以悄悄划开剪刀无法到达的角落，应慎重运用。

（3）烤枪 按玻璃弧度确认烤枪温度，尽量防止在烤膜的进程呈现玻璃决裂的状况，如图5-6所示。

（4）白色蜡笔 裁膜时若不断定膜型，可以先用白色蜡笔画好记号，再用剪刀或美工刀裁开。

（5）橡胶T形刮板 第一次刮水时运用，保证汽车太阳膜不会四处移动，如图5-7所示。

（6）长三角塑料刮板 预备两只长三角塑料刮板，一只用来定型和清洁玻璃；另一只贴膜赶水专用。长三角塑料刮板用300号水砂纸一次把形状磨好，再用1200号水砂纸打磨第二次，保证打磨尖利，以便可以把剩余水分排干，薄膜也不宜刮伤，如图5-8所示。

图5-6 烤枪

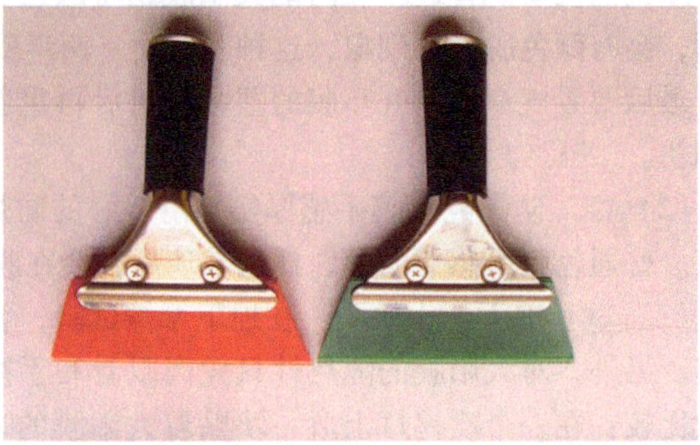

图5-7 橡胶T形刮板

（7）水砂纸 一般用300～1200号水砂纸。

（8）钢直尺 贴侧挡时让薄膜简单移动到门板防水条内，如图5-9所示。

图5-8 长三角塑料刮板

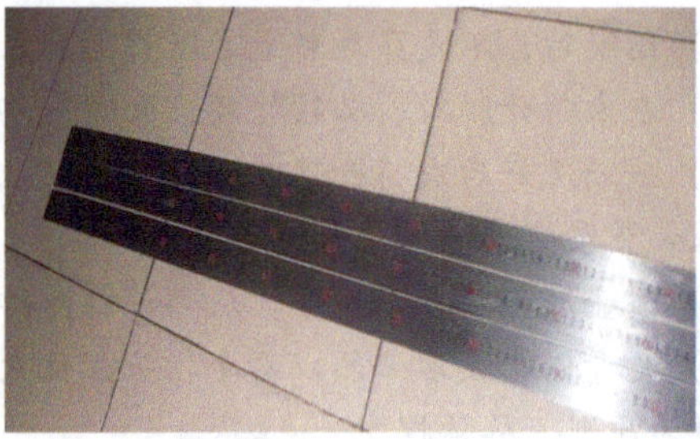

图5-9 钢直尺

（9）浴巾 如图5-10所示，准备纯棉大浴巾两条，一条铺在发动机舱盖上，防止刮伤烤漆；另一条铺在仪表板上防止剩余水分流到仪表板下面致使电路板短路。准备小毛巾两条，铺在门杠踏板上，防止踩脏门杠上的塑料和不锈钢门杠。

（10）鹿皮 用鹿皮擦洗窗框上的脏物和尘埃。

（11）棉布 贴膜完工后，吸干窗框附近的水分，防止回流，防止形成施工后薄膜起泡。

（12）活扳手 活扳手用于拆掉风窗玻璃上的后视镜。

（13）喷壶 在喷壶里增加洗洁精，运用喷管拌和均匀，待洗洁精与水交融后，均匀喷洒在即将施工的玻璃上，用刮板进行玻璃清洁。冬天贴膜，洗洁精无须增加过多。夏天贴膜时，胶比较黏，薄膜恢复较快，洗洁精需要多加一些，如图5-11所示。

图5-10 浴巾

图5-11 喷壶

任务实施

对汽车玻璃进行贴膜见下表。

前期准备		
操作步骤	操作示意图	说　明
1. 着装准备		着装整洁干净的工作服，不能穿有拉链和明扣的衣服，不允许佩戴手表、手链和金属挂件等
2. 设备、工具及材料准备	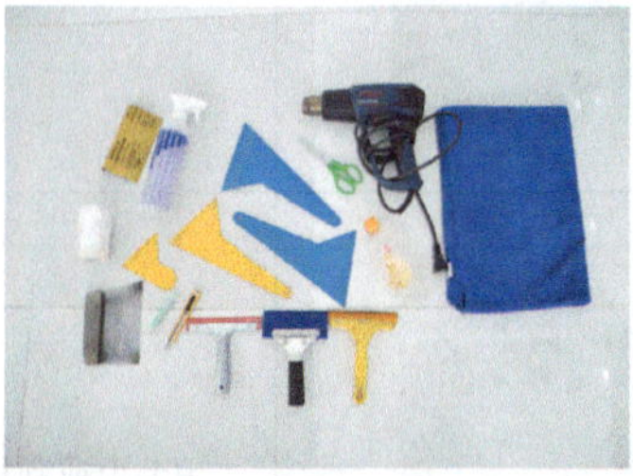	准备润滑粉、婴儿爽身粉、刀具、清洁润滑液、喷壶、刮板、牛筋胶扫、铁刮板、合成鹿皮、纸巾、烤枪

安全检查		
操作步骤	操作示意图	说　明
1. 检查车辆驻车制动器		防止车辆在作业中滑动
2. 清洗车辆、车间降尘		清除车身上的灰尘源，便于下一步车辆检查，净化空气

（续）

安全检查		
操作步骤	操作示意图	说明
3. 整车保护	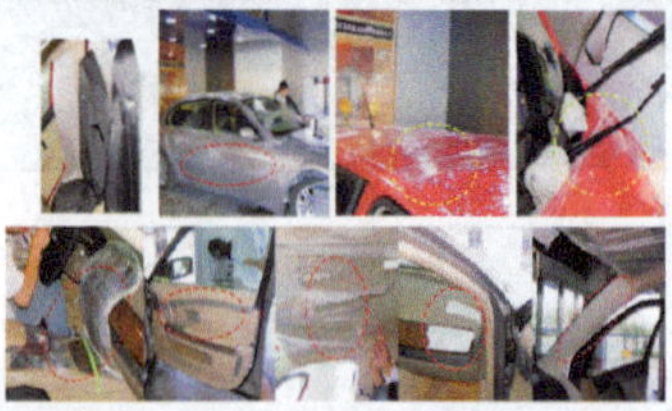	保护用品有：漆面静电保护膜、门板保护膜、纸胶带、前后座套、转向盘套、纸脚垫等

实施贴膜		
操作步骤	操作示意图	说明
1. 裁膜	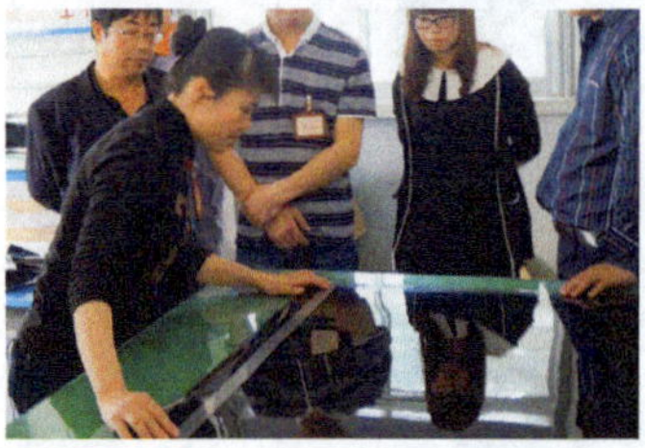	应用样板裁膜，样板裁膜可以有效地利用侧边和上边的弯角，最大限度地利用有限的材料
2. 玻璃外部清洗	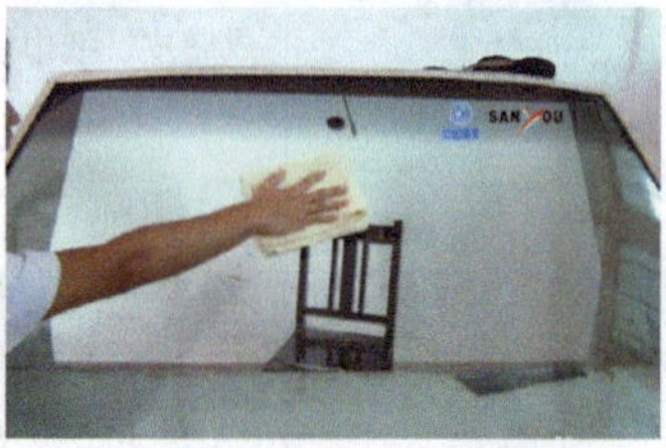	用毛巾或刮板将玻璃清洗干净
3. 干粉润滑	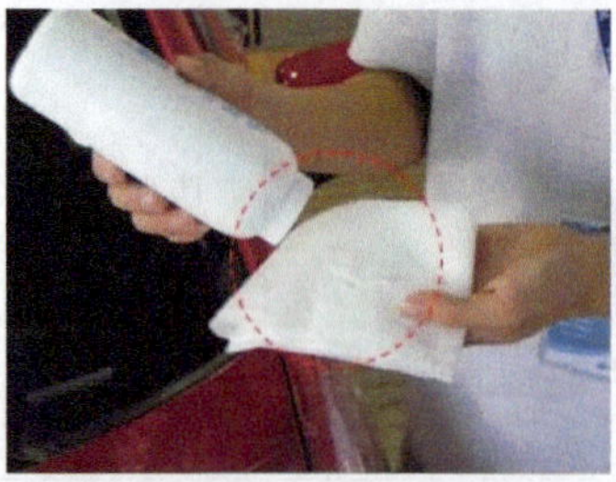	用烤枪风干玻璃，取少许润滑粉倒于纸巾上，均匀涂于玻璃表面，其作用是使膜在玻璃表面滑动自如
4. 准确定位	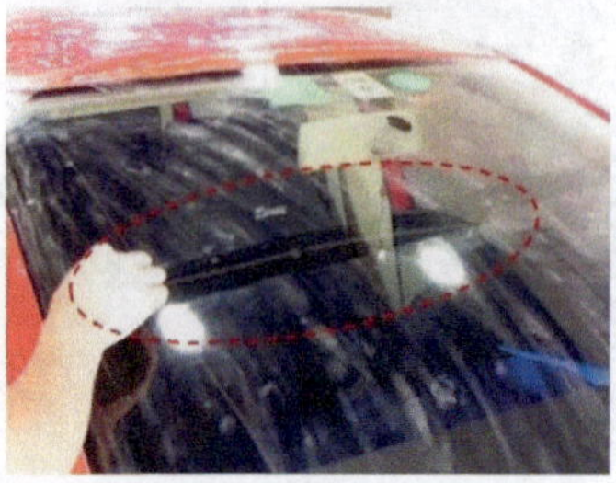	两个人架起膜，先对准上边的两个角，膜自然下放于玻璃上，擦水处膜与玻璃完全吸附，手指压在水带两头的膜上，上下移动，均分上下两边的气泡

（续）

实施贴膜		
操作步骤	操作示意图	说　明
5. 干烤定型	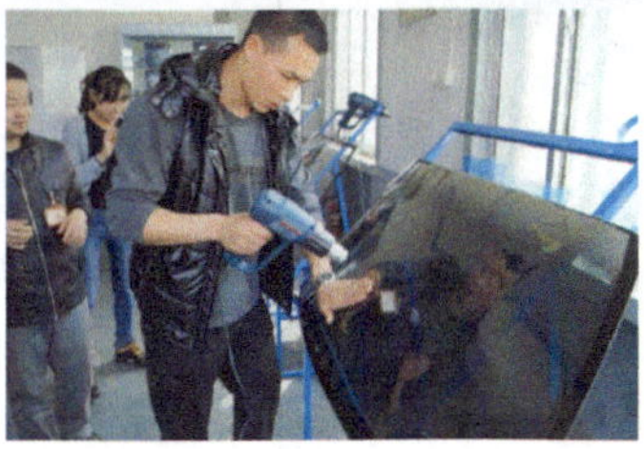	干烤的作用是全面收缩，因为干烤法气泡活动自如，先烤的部位是整张膜收缩最多的地方，收缩得多，出现问题概率就高
6. 湿烤定型		待玻璃凉后，向玻璃与膜表面喷水。四边对齐后，由于干烤时，中间部位留有气泡，所以在用牛筋股扫固定时，要手在前面，刮板在后面，配合刮水，不易刮折膜。中间部位留有一部分水，以便下一步操作
7. 精裁		用垫片裁膜时，将膜裁开，压点贴膜大小裁至陶瓷点外黑边上的1～2mm处
8. 卷膜	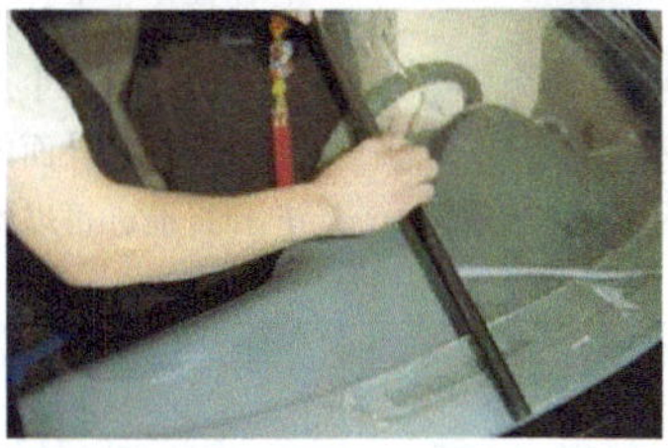	降尘后用鹿皮擦净四边，揭开四角喷水后合上，将膜卷起，卷得尽可能细一些，以便下一步施工
9. 内侧玻璃清洗		向玻璃上喷水，第一次喷水水量要少，将去污粉倒在百洁布上，揉洗玻璃，然后用纸巾擦除、擦净；第二次喷水刮除是配合上一次清除残余污粉；第三次喷水量应少且均匀；第四次喷水向车内四周喷水降尘，向玻璃喷水，反光镜座及上边水要少，喷匀即可

（续）

实施贴膜		
操作步骤	操作示意图	说明
10. 上膜		擦干手指，揭开膜的一边（长约20cm）。基膜随膜卷转动，喷上水，膜贴在玻璃上，滚动膜卷，依次揭开，粘贴
11. 赶水	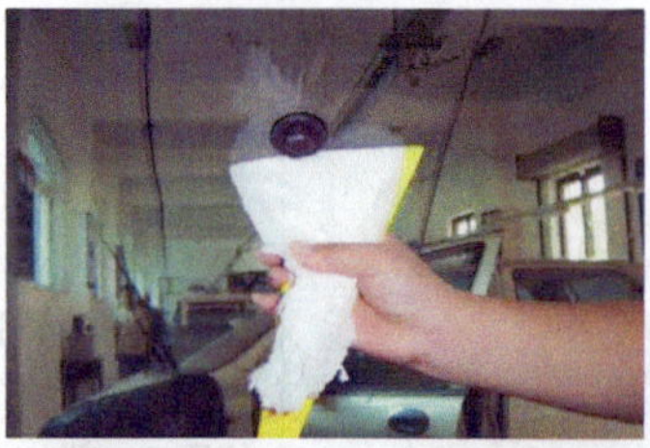	膜在玻璃上精确定位后，用前挡专用刮板以T字形中心为起点向角上赶刮，每次刮光水后用鹿皮清洁刮板，以防有异物伤到膜
12. 处理气泡	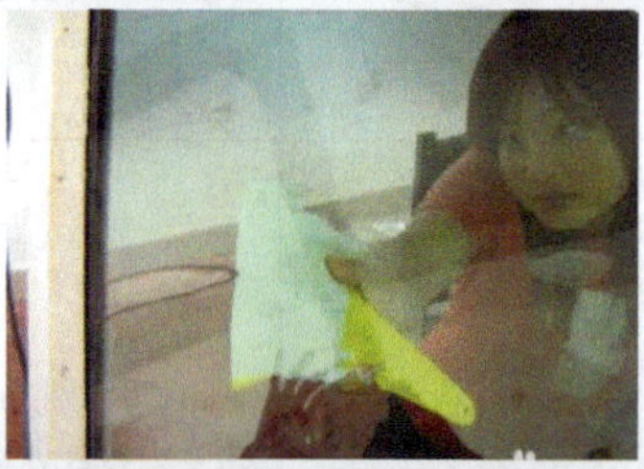	用前挡刮板45°角与气泡从根部向角上刮，刮至气泡不易刮动为止，从气泡的中间向上刮，使气泡从中间断开，然后刮掉边上的小气泡，再处理中间的气泡就很容易了
检查确认		
操作步骤	操作示意图	说明
检修		检修灰点、龇印、折痕，用前挡刮板用力地挤搓尘点处，将灰尘点压到膜胶层中尘点周围没有被尘点抬起的空间，此时膜内的尘点和玻璃外面的尘点没有太大的区别。虚印和折痕，可以给其加温并用指甲刮修
车辆交接		
操作步骤	操作示意图	说明
车辆交接		1）验收。配合公司相关人员，以公司施工程序表验收车辆并交车钥匙与施工单 2）当着顾客的面将其物品物归原主，并提醒接待人员告知顾客关于膜的相关保养事项

评价反馈

考核项目		评分标准	学生自评	小组互评	教师评价	小　计
知识目标	汽车玻璃膜的作用	能完整叙述				
	汽车玻璃膜的品牌及选用方法	能完整叙述				
	汽车贴膜工艺流程及注意事项	能完整叙述				
技能目标	汽车玻璃膜的方法与步骤	会操作				
素质目标	安全、规范操作	做到做好				
	操作步骤、流程正确完整	正确熟练				
	团队合作	是否和谐				
	现场6S	是否做到				
总　评						

项目六 汽车内部的装饰

任务一 汽车内地板胶的安装

学习目标

知识目标	1. 能够表述车内地板胶的作用； 2. 能够表述车内地板胶的种类与选用方法； 3. 能够表述安装车内地板胶所需的工具与设备。
技能目标	掌握安装车内地板胶的操作方法。

任务描述

某品牌汽车刚买一个月，为了方便车内清洁以及降低噪声，车主决定在车内安装车内地板胶。通过本任务的学习，学会安装汽车地板胶。

知识准备

一、汽车地板胶的作用

铺设地板胶的作用可以降低耗能，有效地隔热，冬天升温速度比较快，防止车内空调的消耗，在很大程度上节约了燃油。此外，汽车地板胶还有耐磨、防潮和防尘等作用，减小车外面的噪声，更能很好地保护车内的清洁。

二、汽车地板胶的选择

汽车地板胶要从颜色、厚度、材质和气味等方面进行选择。

1）看颜色。汽车地板胶常用的颜色有灰色、黑色和米色等三种颜色系列，好的汽车地胶质地均匀、没有色差、表面花纹一致。

2）从汽车地板胶厚度上选择。最好还是选择加厚型的汽车地板胶，这样铺设的效果会更好一些。

3）材质的选择。材料表面选用纯 PVC，底面选用优质隔声棉，环保、无毒、无味、隔声、防静电、阻燃、易清洗而且做工精细、安装快捷方便。一般有加厚型的人造棉，还有一种加厚型的人造革材质，这两种材质也都容易清理打扫。

选择铺设地板胶就一定要选择好的品牌，好的地板胶有原车底盘形状，没有接缝，预留座孔、风口、滑道等，棱角到位、不易断裂、不用胶水粘。

4）闻气味。好的汽车地板胶应该没有刺激性气味，千万别因贪图便宜，安装苯超标的劣质地板胶。

三、地板胶的铺设

地板胶的铺设是非常重要的，铺得不好，周边容易翘，中间不平整，整体感观很不舒服。

1. 手工铺设

用现成的地板胶材料，根据实车尺寸现场做版切料，安装而成。

优点： 量身下料，铺设后吻合程度高，不易跑边，整体效果不错。

缺点： 施工要求较高，经验不足时，容易铺设不平，四边不严实。

2. 拼装地板胶的铺设

拼装地板胶是用多片地板胶材料手工拼合而成。

优点： 立体感较好。

缺点： 针缝间容易脱落，如果材料不好，使用年限较短，一般为两年左右，同时防潮效果较差。

3. 成形地板胶（整体成型地板胶）的铺设

成形地板胶根据实车制作模型，以热成形工艺制作而成。

优点： 整个地板胶与手工整体地板胶一样，没有拼缝，防潮、防噪效果好，耐用，安装非常方便，但遇凹凸较大的车内地面时，美观性差一些。

缺点： 要求正规厂家生产，否则会因模型精度不高而走样，价格相对较高。

任务实施

安装汽车内地板胶操作步骤流程与方法见下表。

前期准备		
操作步骤	操作示意图	说　明
1. 着装准备	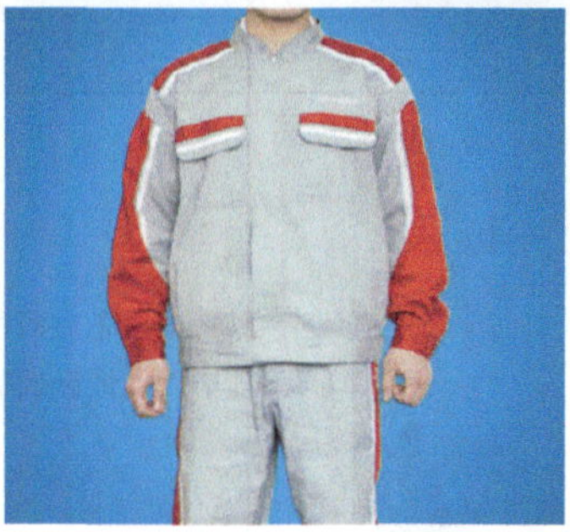	着装整洁干净的工作服，不能穿有拉链和明扣的衣服，不允许佩戴手表、手链和金属挂件等，戴手套，防止弄脏车内
2. 设备、工具及材料准备	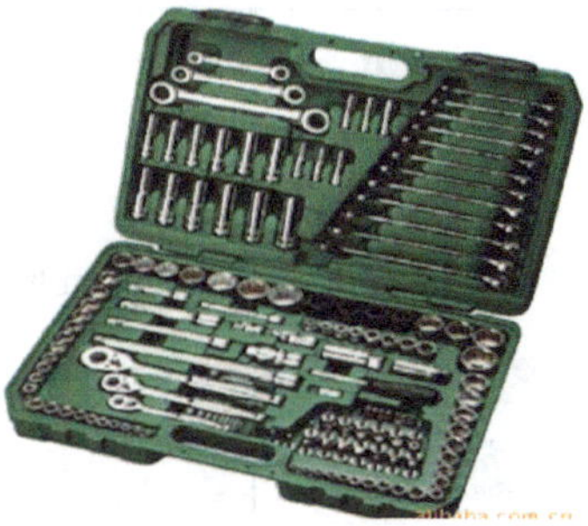	呆扳手若干，梅花扳手若干，十字螺钉旋具、一字螺钉旋具若干，地板胶，剪刀，小刀，米尺，地板胶针线

（续）

安全检查		
操作步骤	操作示意图	说　明
检查车轮挡块和驻车制动器		操作前的安全措施
实施安装		
操作步骤	操作示意图	说　明
1. 检查车辆		检查车内有无贵重物品，提醒车主带走
2. 卸座椅		铺地板胶之前，要先把汽车的前、后座椅拆下来，并拆卸一些内饰板
3. 铺设地板胶		根据车内面积的大小裁剪地板胶，裁剪完毕后，铺设地板胶
4. 挖洞		在固定座位的螺栓处剪裁挖洞

（续）

实施安装		
操作步骤	操作示意图	说明
5. 安装座椅		铺好地板胶后，安装座椅
6. 清理		地板胶安装作业完成后，应清除车内多余的地板胶，将边逢收拢好
检查确认		
操作步骤	操作示意图	说明
检查车辆		将安装地板胶的车辆进行全面检查，确认没有遗漏
车辆交接		
操作步骤	操作示意图	说明
车辆交接		将安装好地板胶的车辆交给顾客

注意事项

1）铺地板胶的时候要先把座椅全部拆下来，不管是手缝的还是成形的，到最后铺到车上之后都是一个整体。

2）拆座椅时不要碰伤门板，拆塑料踏板时小心不要弄断卡扣，工作时不能打开点火开关。

3）车架号大多在驾驶人座椅下面靠左边脚的横梁上面，铺地板胶之前要做好准备，否则年审的时候会很麻烦。

评价反馈

考核项目		评分标准	学生自评	小组互评	教师评价	小计
知识目标	车内地板胶的作用	能完整叙述				
	车内地板胶的种类与选用方法	能完整叙述				
	安装车内地板胶所需的工具与设备	能完整叙述				
技能目标	安装车内地板胶的操作方法	会操作				
素质目标	安全、规范操作	做到做好				
	操作步骤、流程正确完整	正确熟练				
	团队合作	是否和谐				
	现场6S	是否做到				
总评						

任务二 座椅套的安装

学习目标

知识目标	1. 能够表述汽车安装座椅套的作用； 2. 能够表述座椅套的种类与选用方法； 3. 能够表述安装座椅套所需的工具与设备。
技能目标	1. 学会使用安装座椅套所需的工具与设备； 2. 掌握安装座椅套的操作方法。

任务描述

某品牌汽车使用了五年，座椅原有的革面已经严重剥落，影响乘坐的舒适性。根据车主的需要，计划更换座椅套。通过本任务的学习，学会安装座椅套。

知识准备

一、鉴别座椅套材质

座椅套材质有冰丝、亚麻、金丝绒、莱卡、桃皮绒、混纺和纯毛等。

1. 冰丝

冰丝又称为人造丝、粘纤、粘胶长丝，是用棉短绒、木材作为原料优化处理得来的。冰丝的含湿率最符合人体皮肤的生理要求，具有光滑、凉爽、透气、抗静电和色彩绚丽等特点。冰丝具有棉的本质和丝的品质。

2. 亚麻

亚麻是麻纺织业的重要原料，其纤维强韧、柔细，具有较好的色泽。亚麻纤维强力大，在水中不易腐烂，并有防水作用，此外还有耐摩擦、耐高温、散热快、吸尘率低、不易撕裂、不易燃烧、无静电、耐酸等优点。

亚麻材料的特点如下：

1）清凉透气，具有天然的通透性。

2）天然抑菌亚麻纤维能发出淡淡的隐香，能够抑制细菌的生长和繁殖。

3）消除静电。亚麻是静电感应系数最小的纤维，能有效消除静电。

4）抗紫外线亚麻含有半纤维素，使紫外线被纤维素所吸收，不易直接照射到人体，能起到防磁、抗辐射、保护皮肤的作用。

3. 金丝绒

金丝绒是用通割绒法加工的，由桑蚕丝和粘胶丝交织的单层经起绒丝织物。金丝绒是一种高档丝织物，质地柔软而富有弹性，色光柔和，绒毛浓密耸立，用于制作汽车座椅套，手感柔软舒适。

4. 莱卡

莱卡（氨纶）是一种弹性纤维，具有良好的弹性，可延伸至原长的5～8倍，去除外力后能完全恢复原状。精纺纯棉加莱卡丝是最适合做汽车座椅套的面料，纯棉保证了透气舒适和自然质感，莱卡提供足够的弹性和水洗牢度，保证在洗后和长期使用后不变形。其工艺精细，设计别致，乘坐舒服温暖，摸着手感细腻、柔软，而且耐脏、耐磨。

5. 桃皮绒

桃皮绒产品是继人造鹿皮产品后发展起来的仿皮织物，是由超细纤维组成的一种薄型织物，具有新颖而优雅的外观和舒适的手感。桃皮绒光泽柔和高雅，与人造鹿皮相比，给消费者一种新奇感，适合人们好奇的消费心理。

6. 混纺座椅套

混纺座椅套的最大好处在于易清洗，脏了只要拆下来放进洗衣机里清洗就可以，而且还结实耐用，不易磨损。

7. 纯毛座椅套

纯毛座椅套摸上去手感非常柔软，且透气性良好，不粘身，利于汗液的挥发，但清洗时就麻烦一些，必须送去干洗，因此清洗保养费用较高。

二、座椅套的选用

（1）根据季节选用座椅套

1）冬季：羊毛汽车座椅套、裘皮汽车座椅套、羽绒座椅套和仿毛座椅套。

2）夏季：真丝汽车座椅套、亚蚕丝汽车座椅套、雪非丝汽车座椅套和牛皮汽车座椅套。

3）四季：养生座椅套、布艺座椅套和含磁石的磁疗座椅套。

（2）根据颜色选择座椅套 如果车内饰的颜色大部分以黑色为主，就需要考虑光照度，如选择的座椅套颜色也是黑的，会使车内的驾驶人产生压抑感。所以黑色为主的内饰最好选择颜色较为明亮的座椅套；反之，车内饰颜色是米色，最好选择灰色或者是黑红相间的其他颜色座椅套。

（3）根据驾驶人年龄的不同选用座椅套 年轻人应选择色彩活泼、富有运动气息的座椅套，体现年轻人的心理特征。中年顾客大部分选择颜色中性、图案平和、文化气息浓郁的座椅套。

任务实施

安装座椅套操作步骤流程与方法见下表。

前期准备		
操作步骤	操作示意图	说明
1. 着装准备		着装整洁干净的工作服，不能穿有拉链和明扣的衣服，不允许佩戴手表、手链和金属挂件等，以免刮伤座椅套
2. 设备、工具及材料准备	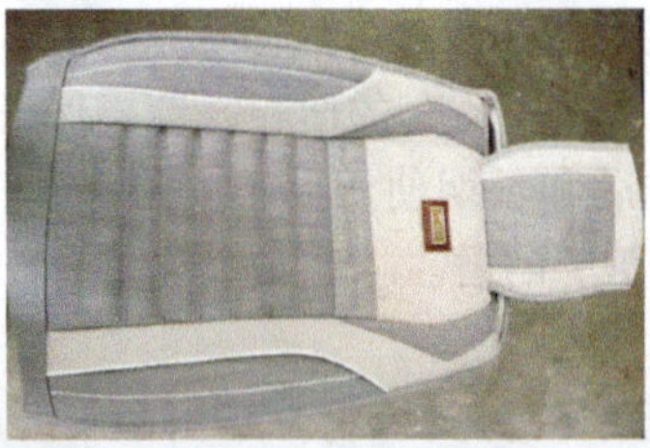	汽车整车一部、座椅套
安全检查		
操作步骤	操作示意图	说明
检查车轮挡块和驻车制动器		操作前的安全措施
实施安装		
操作步骤	操作示意图	说明
1. 检查车辆		检查车辆内部有无贵重物品，提醒车主带走

（续）

实施安装		
操作步骤	操作示意图	说　明
2. 安装汽车座椅套前座靠背	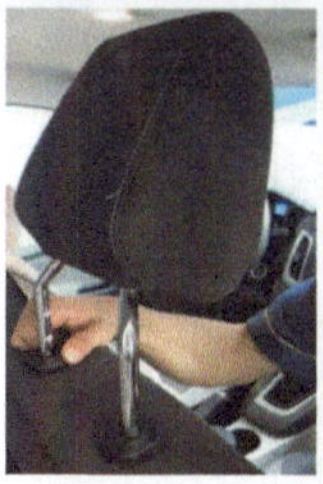 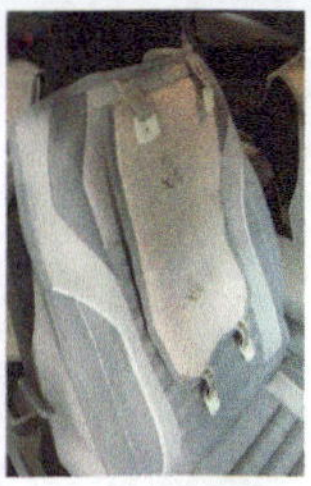	1）先拔掉头枕 2）把靠背套套好 3）将靠背套正面与背面底部的布条直接塞到靠背后面，与后背底部的布条绑好 4）再将头套套好后插入靠背 5）将套好的靠背整理平整，前靠背安装完成
3. 安装前座位汽车座套		1）先把座椅套套在座椅上，并调整合适的位置 2）靠近靠背处有多余的部分直接沿着缝隙塞到靠背后面，并且把橡皮筋与绳子拉出；绳子与座位侧面的绳子绑紧，将座位前端的橡皮筋从座位下面拉到后面，与后面的橡皮筋绑住（也可以挂到座位下面有弯的铁棍上面） 3）将套好的汽车座椅套整理平整，前座位汽车座椅套安装完成
4. 安装汽车座椅套后座靠背		1）先拔掉头枕 2）把靠背套套好 3）将套好的靠背整理平整，再插入汽车头枕，后座靠背安装完成
5. 安装汽车后座位座椅套		1）后座的座位稍稍用力往上拉一下，整个座位可以直接翻起，那么安装就相当简单了 2）把座椅套套在座椅上，并调整好合适位置 3）把后座位前端的橡皮筋从座位下面拉到后面，与后面的橡皮筋绑住，再将后端的绳子抽紧绑紧 4）将套好的汽车座椅套整理平整，后座位座椅套安装完成

（续）

检查确认		
操作步骤	操作示意图	说明
检查车辆		将安装座椅套的车辆进行全面检查，确认没有遗漏

车辆交接		
操作步骤	操作示意图	说明
车辆交接	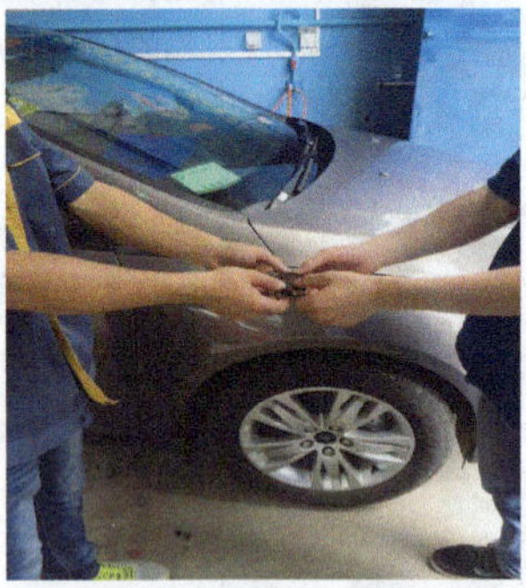	将安装好座椅套的车辆交给顾客

注意事项

1）安装时，请不要用力拉扯缝制的安装用皮筋和绳子等。

2）座椅脏后，请用湿毛巾轻轻擦拭。

3）车内长期受阳光直射的部分（靠背上部等），可能会出现变色。

4）汽车座椅套不适用于有内藏侧安全气囊的座椅使用。

评价反馈

考核项目		评分标准	学生自评	小组互评	教师评价	小计
知识目标	汽车安装座椅套的作用	能完整叙述				
	座椅套的种类与选用方法	能完整叙述				
	安装座椅套所需的工具与设备	能完整叙述				
技能目标	会使用安装座椅套所需的工具与设备	会操作				
	安装座椅套的操作方法	会操作				

（续）

考核项目		评分标准	学生自评	小组互评	教师评价	小　计
素质目标	安全、规范操作	做到做好				
	操作步骤、流程正确完整	正确熟练				
	团队合作	是否和谐				
	现场6S	是否做到				
总　评						

任务三　转向盘套及其他挂饰的安装

学习目标

知识目标	1. 能够表述转向盘套及其他挂饰的文化； 2. 能够表述转向盘套及其他挂饰的种类与选用方法； 3. 能够表述安装转向盘套所需的工具与设备。
技能目标	1. 学会使用安装转向盘套所需的工具与设备； 2. 掌握安装转向盘套的操作方法。

任务描述

宝骏630型汽车车主刚买到新车，觉得车子转向盘没手感，想安装一个转向盘套，顺带还装一些挂饰。通过本任务的学习，学会安装转向盘套。

知识准备

一、转向盘套的分类

1. 按照外形的不同分类

汽车转向盘套按照外形的不同一般可以分为可爱型、成熟型、运动型和百搭型四个大类。

（1）可爱型　可爱型顾名思义就是融合鲜艳色彩和奇特形状等新奇元素的转向盘套，如卡通套和绒毛套等。可爱型转向盘套的设计不但新颖，而且还不会影响其使用的便利性和舒适性。此类转向盘套往往还有一系列的相关图案样式的车用产品（如变速杆头套、后视镜套等），可令车内环境活泼、时尚，适用于女性驾驶人。

（2）成熟型　成熟型主要的特点体现在材质上。一般以丝绒和皮革为主要材料。丝绒材料看上去彰显贵气，但是比较容易磨损，使用寿命比较短，在用过一段时间后可能出现套身表面斑驳，色泽不匀的问题，在选择时要考虑周全。而皮质的转向盘套相对比较结实耐用，除了皮质的质感外，还体现在它的缝合工艺上，精品与次品在穿针引线中就能看出端倪，适用于高端人士。

（3）运动型　运动型主要有泡沫塑料和软橡胶两种。运动型转向盘套的特点在于色彩的鲜明，色块与色块的对比强烈，突现一种运动的激情。在转向盘套上往往还有一个个小小的凸起物，用来防滑，适用于新手。

（4）百搭型 百搭型主要特点是颜色可以与任何颜色车内饰搭配，都比较好看协调，有手编型的米色、黑色超纤皮手工编织，耐用美观，内圈是橡胶材质。不管是米色内饰、灰色内饰还是黑色内饰，转向盘都能带来不一样的感觉。

2. 按照材质的不同分类

汽车转向盘套按照材质的不同可以分为长毛绒、毛绒、丝绒、厚布面、仿皮、皮革、潜水布、胶粒、真皮以及高密度羔羊毛加厚真皮里等。还有在此基础上进行了一些改进的材质，如夜光皮革、防滑颗粒、短绒电绣和毛绒带小玩偶的转向盘套等。

3. 按照安装方法的不同分类

汽车转向盘套按照安装方法分类，一般可以分为免缝转向盘套和手缝转向盘套两大类。

（1）免缝转向盘套 安装快捷方便，拆装、清洁方便，按照图6-1所示的步骤进行安装即可。

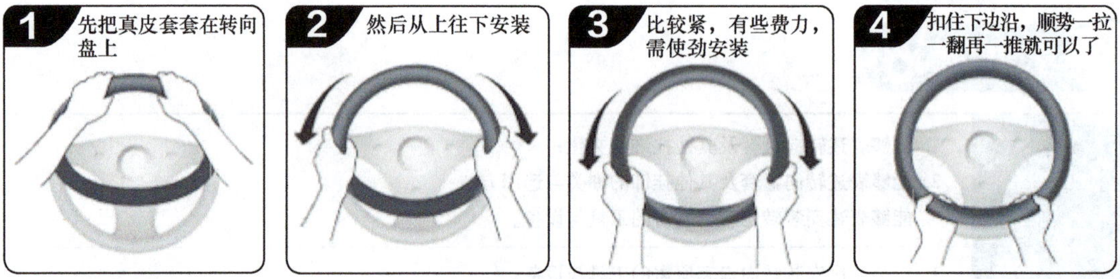

图6-1 免缝转向盘套安装步骤

（2）手缝转向盘套 手缝转向盘套没有胶圈，不怕胶圈硬化或者破裂，手感不亚于成品转向盘套。手缝更贴合转向盘实际大小，不仅可使转向盘免受磨损，而且可增加手感和摩擦力，防止手出汗打滑，进而增强车行驶时的反应灵敏度和安全性，还能起到吸收振动的作用。如图6-2和图6-3所示，缝线可以手工制作，什么样的缝合方式，喜欢搭配什么颜色的线都可以。手缝转向盘套的缺点就是不易打理，另外拆洗也很麻烦。而且缝制需要一定的技巧，在缝制过程中如果有很多线头的问题，也会影响驾驶人开车。

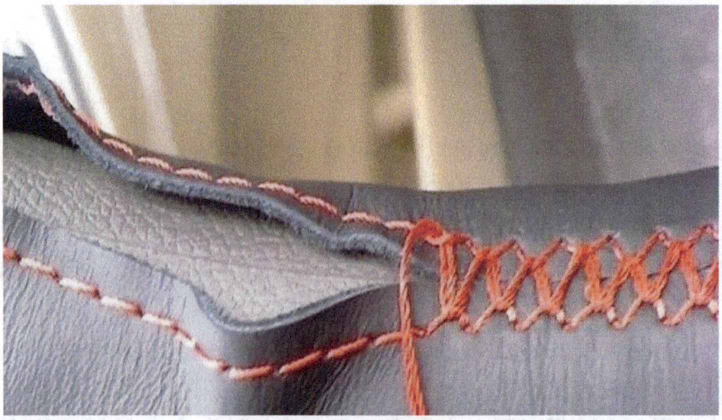

图6-2 手缝转向盘套

二、选购汽车挂饰和摆饰的原则

（1）美观性原则 车内饰品必须能够给驾驶人和乘客带来美感，要做到这个要求，必须结合

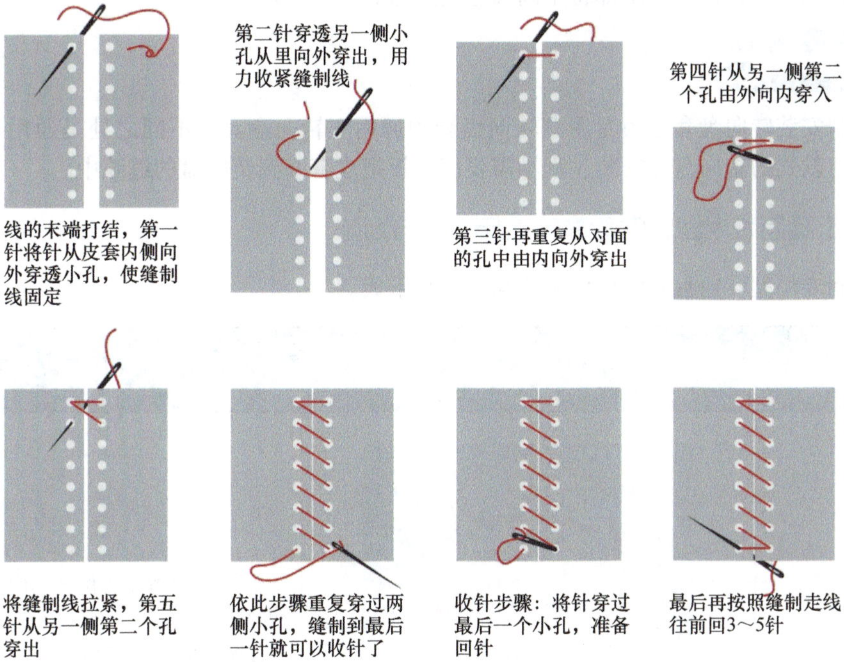

图 6-3　手缝转向盘套绕环穿孔缝线方法

车的造型和车内所有的物品状况来选用饰品，并合理放置。

（2）协调性原则　协调就是要求所有饰品都不能破坏车内的整体美感，必须协调一致，创造一个适合车主身份和爱好的车内环境。

三、选择挂饰和摆饰的技巧

1. 按颜色选择

按颜色选择挂饰是一种非常简单的方式，也是可以有着很好寓意的选择。

1）黑色爱车的车主，一般属商务型，选择紫色，有红得发紫的寓意，且紫色和黑色正好搭配，色彩上可以互补。

2）白色爱车的车友，建议选择红色挂件，白色爱车的车主一般性格内敛、沉稳、不浮夸，选择红色恰好对爱车有装点作用，但又恰到好处，不张扬，并且代表红红火火的寓意。

3）银色爱车的车友，可以选择白色或黄色车饰及挂件，寓意财源广进，且感官上也非常漂亮。

2. 按材质选择

1）古法琉璃是如今比较热门的艺术品，造型多姿多彩，颜色瑰丽，价格也比较适中，非常适合制作车饰用品。

2）玛瑙、黑曜石、水晶等制品，都具有一定的文化属性，具有保平安、祈福的作用，建议购买之前对材质本身有一定了解。

3）木质品具有古朴、大方的特点，是新兴起的一种车饰产品，除常见的柏木、黄杨木等价格较为低廉外，小叶紫檀、黄花梨以及沉香等传统高档工艺材质，都开始出现在车友们的爱车里，不同的材质有着不同的特性，既能彰显个性，又非常美观。

3. 按摆放位置选择

一般车饰的摆放位置比较常见的有后视镜、操控台和变速杆等，其中，出于传统观念，后视镜是汽车装饰的重点，很多车友都将不同寓意的用品悬挂其上。

任务实施

手工缝制安装转向盘套分为专用型转向盘套和通用型转向盘套。不同之处是通用型转向盘套可以用于任何款式的转向盘，安装过程不需要用刮板把皮套塞到转向盘的缝隙中。

一、手工缝制专用型转向盘套的操作步骤与方法

手工缝制专用型转向盘套的操作步骤与方法见下表。

前期准备		
操作步骤	操作示意图	说明
1. 着装准备		着装整洁干净的工作服，不能穿有拉链和明扣的衣服，不允许佩戴手表、手链和金属挂件等，以免刮伤车内饰
2. 设备、工具及材料准备		抹布、转向盘套、刮板、双面胶及针线
安全检查		
操作步骤	操作示意图	说明
检查车轮挡块和驻车制动器		操作前的安全措施

（续）

实施安装		
操作步骤	操作示意图	说　明
1. 检查		对比尺寸，根据转向盘尺寸确定转向盘套大小
2. 确定转向盘套安装位置		在转向盘套后粘贴双面胶。把皮套套在转向盘上，对齐位置
3. 粘贴转向盘套		撕开转向盘套上的双面胶，将转向盘套贴在转向盘上
4. 修整		用刮板把皮套塞到转向盘的缝隙中，缝隙部位的牛皮是经过削薄处理的，塞进去之后不会影响喇叭与安全气囊。转向盘背面也要慢慢塞进去

（续）

实施安装		
操作步骤	操作示意图	说　明
5. 缝合	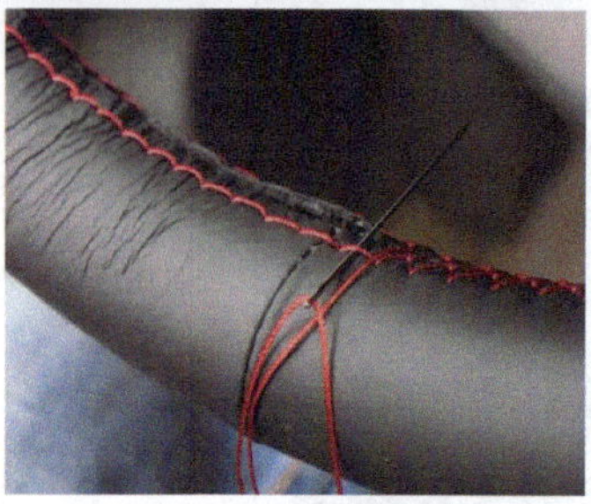	用单针单线，来回把皮套两侧的线穿合起来就完成了
6. 清理		多余线头修剪干净，起头与首尾的部位打个结，用火机烤下线头，只要不开线就可以
检查确认		
操作步骤	操作示意图	说　明
检查车辆		将安装好的转向盘套外表面全部检查，确认没有遗漏
车辆交接		
操作步骤	操作示意图	说　明
车辆交接		将安装好转向盘套的车辆交给顾客

二、手工缝制通用型转向盘套的操作步骤与方法

手工缝制通用型转向盘套的操作步骤与方法见下表。

前期准备		
操作步骤	操作示意图	说明
1. 着装准备		着装整洁干净的工作服，不能穿有拉链和明扣的衣服，不允许佩戴手表、手链和金属挂件等，以免刮伤车内饰
2. 设备、工具及材料准备		抹布、转向盘套、刮板、双面胶及针线
安全检查		
操作步骤	操作示意图	说明
检查车轮挡块和驻车制动器		操作前的安全措施
实施安装		
操作步骤	操作示意图	说明
1. 寻找起始点		用手捏住辐条两边的皮套，让皮套上下都紧贴在辐条上，并且将上下皮套上的针孔对齐，那么手捏的地方就是缝合时起线（收线）的地方

（续）

实施安装		
操作步骤	操作示意图	说　明
2. 穿针	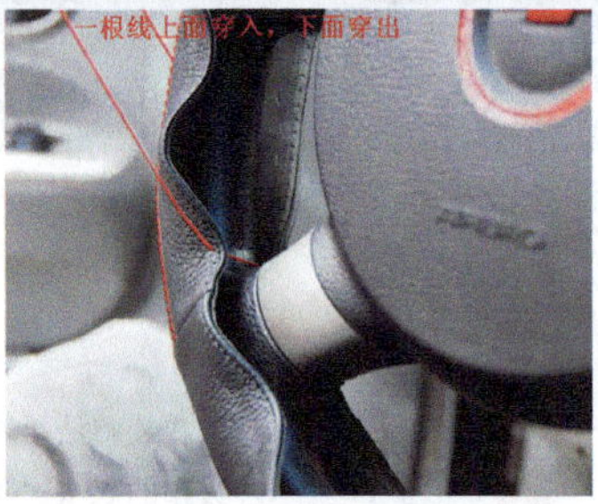	在缝的过程中用的是一根线和两根针，线两头分别穿一根，以便缝制
3. 缝合	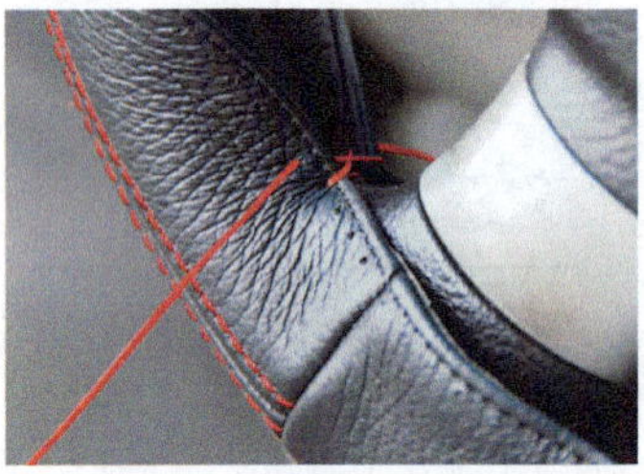	在缝的过程中要找准两边相对应的孔，线从里往外穿，两针交叉相穿。如果孔没有找对，缝制出来就没有交叉的感觉，不美观
4. 收尾	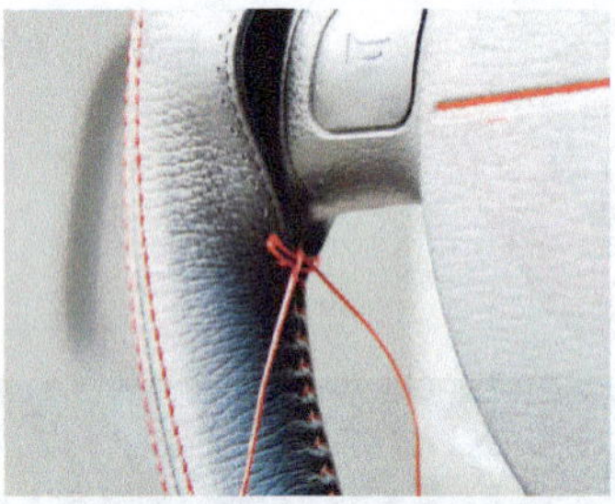	在最后一孔的位置两个针头分别交叉由外向内重复穿一次，然后打个死结，将多余的线剪去，结头可埋在皮套下面
5. 缝下一辐	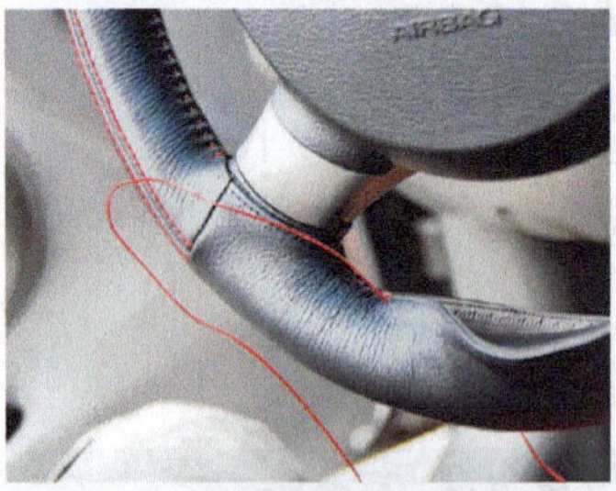	然后用同样的方法确定下一辐的起线孔位，并继续缝合
6. 继续缝合		在缝的过程中可将需要缝的辐条移动到下方，便于缝合。按照顺序依次缝完所有辐条上的皮套

（续）

实施安装		
操作步骤	操作示意图	说　明
7. 清理	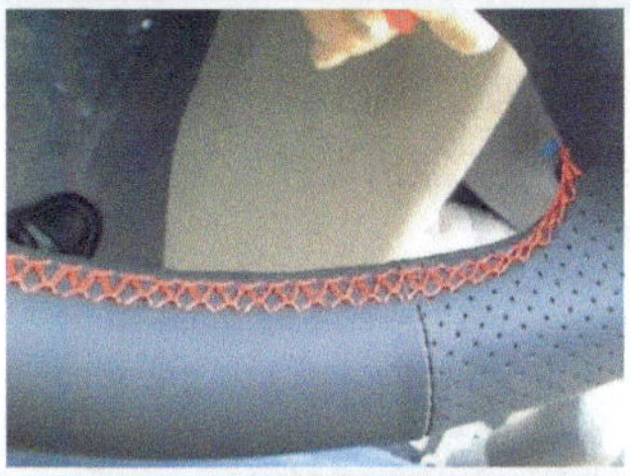	将多余线头修剪干净，起头与首尾的部位打个结，用火机烤下线头，只要不开线即可
检查确认		
操作步骤	操作示意图	说　明
检查车辆		将安装好的转向盘套外表面进行全部检查，确认没有遗漏
车辆交接		
操作步骤	操作示意图	说　明
车辆交接		将安装好转向盘套的车辆交给顾客

评价反馈

考核项目		评分标准	学生自评	小组互评	教师评价	小　计
知识目标	转向盘套及其他挂饰的文化	能完整叙述				
	转向盘套及其他挂饰的种类与选用方法	能完整叙述				
	安装转向盘套所需的工具与设备	能完整叙述				
技能目标	安装转向盘套所需的工具与设备	会操作				
	安装转向盘套的操作方法	会操作				
素质目标	安全、规范操作	做到做好				
	操作步骤、流程正确完整	正确熟练				
	团队合作	是否和谐				
	现场6S	是否做到				
总　评						

参 考 文 献

[1] 谭本忠. 汽车美容与装饰图解教程 [M]. 北京：机械工业出版社，2012.
[2] 于志友. 汽车美容与装饰 [M]. 3 版. 北京：机械工业出版社，2015.